山田ズーニー
Zoonie Yamada

考える

シート

講　談　社

この本は、手で書いて、
あなたのほしい人の
気持ちをつかむ本です!

「想っていることがうまく言えない、伝わらない」
そんなとき、これは、

あなたの気持ちを引き出し、
整理し、
うまく伝わる言葉にしてくれる本です。

たとえば、

「急におわびの手紙を書かなきゃいけなくなった」とか、
「自分でも何を言いたいかわからない」とか、
コミュニケーションに困ったとき、
この本をめくってください。

シーンに応じた
「考えるシート」があります。

これは、
問いに答えていくだけで、
しだいに頭が整理され、
あなたの想いと言葉がピタッとつながる
シートです。

そして！

シートに書き込んだ、そのとおりに、
相手に伝えていけば、
文章が書ける、話ができる、
コミュニケーションがつながります。

自分の言葉で人とつながる！
社会とつながる！

そんな歓びを、

ぜひ、本書で味わってください。

あなたは、人と通じ合う力がある。

私は

あなたに出番を告げたかった。

2005年
著者

考えるシート 目次

ステージA 相手とつながる

ステージB 自分とつながる

ステージC 他者・外・社会とつながる

イラストレーター　ワタナベケンイチ
写真　江頭 徹（本社写真部）
ブックデザイン　鈴木成一デザイン室

ステージ A

相手とつながる

つながる話は、
相手にとって関心ある「問い」が
筋道立てて並んでいる。

マークのところは、本だからと遠慮せずに、
どんどん書きこんでください。

1

「おわび」をする

コミュニケーションがつながらない

こんなおわびをしている人はいませんか？

つながらないおわび

このたびは申しわけございませんでした。

ミスが出ないよう万全をつくしてはいたのですが、これからは、こういうことがないよう一生懸命がんばりますので、よろしくお願いします。

「一生懸命がんばります」って、何を？ どうがんばるの？ 「万全をつくしてた」って、なら、なぜミスは起きたの？

つながってない……。

つながってないことにも気づいてない、コミュニケーションです。

要は、「これまではちゃんとやっていたつもり、これからはちゃんとやるつもり、これからもよろしく」と言っているだけ。必要なことを、なにひとつ考えていないのです。

だから、自分にも相手にも、「なんかもやもや」が残るのです。

いま、ストレスとは、自分の思っていることが、うまく相手に通じていない感じから起こっているのではないでしょうか。

どうしたら、自分の想いを言葉にし、相手も納得の、つながるコミュニケーションになるのでしょうか？

そこに道をつけようというのが、この本です。

しかも、あなたが、着実に、面白くつなげていける道を。

「近ごろどうもコミュニケーションがつながってない」と思うとき、あなたに必要なのは、誠意でも、センスでもありません。ほんのちょっと「自分の頭で考える」ことです。

「考える方法」を手に入れよう

そこで、つながらないとき自分の頭で考えていけるよう、道具を持つことにしましょう。「考える道具」とはこんな形をしています。

？

考える道具とは、そう、「問い」です。

たとえば先ほどの、なんにも考えていないおわび、このままでは、なにひとつ、自分らしい想いが言葉にできず、不自由です。

そこで、どんな問いでもいいから、「問い」を立てて、自分にインタビューしてみるとどうでしょうか。たとえば、

- ミスが起きたのは、いつ？
- そのときの状況は具体的にどうだった？
- まずどう感じた？
- ミスが起きる前の自分の生活態度はどうだった？
- いま、自分の正直な気持ちは？
- 相手にいちばん言いたいことは？

どうですか、こうしてちょっと問いかけてみるだけでも、自分の気持ちが引き出されたり、頭が整理されていく感じがしませんか。

そう、「問い」は、まず自分が自分とつながるために必要なんです。さらに、相手とつながるためには、どんな「問い」を立てるかが肝心です。たとえば、こんなおわびを見てください。

つながる問い、つながらない問い

自虐おわび

ぜんぶ私が悪いんです。私は、この方面の知識もないし、経験もないし。まったく自分で自分がイヤになります。私がもっとちゃんとしていれば……。私が……、私が……。

最近、必要以上に自分を責めるおわびをよく見かけます。「自虐おわび」と言ったら、言いすぎでしょうか。

でも、こんな、一方的に自分を責めるようなおわびをされて、釈然としなかった人も多いのではないでしょうか。

こういうおわびも、なぜ、つながらないのでしょうか？

たしかに、「私が悪かった」と言ってるんだから、「私は悪くない」と言っている人よりは、いい気がします。しかし、ある面から見れば、どちらも同じ。それは、握っている「問い」です。

人は、意見を言ったり、考えごとをするとき、無意識に「問い」を立て、その問いに基づいて考えています。この問いが肝心。

で、「私が悪い」の人も、「私は悪くない」の人も、実は、無意識に握っている「問い」は同じ、「私がいいか、いけないか？」です。

これだとどこまでいっても、「私がいいか、いけないか？」の二元論です。

おわびをするほうには、それが問題かもしれませんが、相手にとっては、それが問題ではないから困るんです。

わかりやすくするために、単純な、相手の洋服にコーヒーをひっかけてしまった例を考えてみます。

「私って、なんてドジなんだろう……私が、私が、」と落ち込んでいる瞬間、相手はいろんなことを考えています。

「うわ！ 熱い!!」

「どうしよう、シミになったら、友だちから借りた服なのに！」

「このあと、人前に出なきゃいけない、困った！」

つまり、相手にしてみたら、「あなたがいいか、いけないか？」そんな問いよりも、「やけどしたらどうするの？」「シミになったら友だちになんて言えばいいの？」「このあと人前に出るのにどうすればいいの？」、そのほうがよっぽど問題だというわけです。

そう、同じシーンでも、**自分と相手の関心ある問いは、ズレています**。自虐おわびがもうひとつ、つながらないのは、結局は「自分の関心ある問い」だけ話題にしていて、「相手が関心ある問い」を話題にとりあげていない。だから、相手はもやもやするのです。

「相手が関心ある問い」でつながる！

つながるコミュニケーションには、相手にとって関心ある問いが、筋道立てて並んでいます。

先ほどの相手の洋服にコーヒーをひっかけてしまった場合を考えてみます。「私って、なんてドジなんだろう……」と落ち込む前に、

「やけどしなかったですか？」

「そのお洋服は、大事なものではありませんか？」

「このあとのご予定にさしつかえませんか？」

と声をかければ、相手の問題関心とピッタリ！　ですね。だから、相手は、すぐ話題にのってこられます。コミュニケーションがつながる！　というわけです。

あとは、ひとつひとつの問いを、話し合って解決していけば、自分も相手もスッキリ！　納得です。

おわびに共通する「問い」

「相手の関心ある問い」は、状況によって、相手によってさまざまです。でも、おわびをされる相手の多くが、共通して抱く「問い」があります。

たとえば、迷惑をかけられた相手は、気持ちの面でもダメージを受けていることが多く「自分が受けたダメージをちゃんとわかってくれてるのだろうか？」と、まず、理解してほしいと思っています（**相手理解**）。

また、「本当に非を認め、悪かったと思っているんだろうか？」（**罪の認識**）、そのうえで、「ちゃんと謝ってくれるんだろうか？」（**謝罪**）。

そして、洋服を汚したときのクリーニング代のように、「自分が受けた損失をどう償ってくれるのか？」（**償い**）にも関心があります。

さらに、仕事の場合は特に、「なぜこんなことをしたのか？」（**原因究明**）、「今後こういうことをまた起こされては困る。二度としないために何をどう変えてくれるのか？」（**今後の対策**）にも、関心があります。

こうした、「相手が無意識に抱えている問い」に対して、ひとつひとつ話題にとりあげ、ひとつひとつ答えていくことで、相手のもやもやは晴れていきます。

つながる順番、つながらない順番

「問い」を話題にのせる順番も大切です。たとえば、相手の洋服を汚し、いきなりクリーニング代を渡す（**償い**）、というのでは、「代償さえ払えば」という印象になってしまいます。

心から悪かったと認め（**罪の認識**）、ごめんなさいと謝った（**謝罪**）うえでこそ、「償い」は生きてきます。

また、「**今後の対策**」だけ打ち出しても、説得力がありません。その前に、「**原因究明**」があってこそです。

あなたの考える力を活かすシート

つまり、つながるコミュニケーションには、自分が言いたいことだけ言い散らかすのではなく、「相手が関心ある問い」が、「相手が納得いく順番」で並んでいる、ということです。

でも、「相手が関心ある問い」って、どう見つけるの？

「相手が納得いく順番」って、どう並べるの？

あなたも悩みますよね。

それを自分の力でできるようにするのが、この本のねらいでもあるのですが、自分でできるようになるまで、あなたの発想の助手として、「考えるシート」を持つことにしましょう。

これは、コミュニケーションのシーン、シーンに応じて、あなたに必要な「問い」を、必要な順番で問いかけてくれ、あなたの気持ちと頭を整理できる、便利なコミュニケーションの「下じき」です。くわしい説明はあと、まずは、次ページの実物をざっと見てください。

「おわび」を考えるシート

❶相手理解　この一件を、相手の立場になってたどってみると、相手はどんな気持ちだったか？

▼

❷罪の認識　自分の非を積極的に認めると、自分は何をしたか、どこが、どう悪かったか？

▼

❸謝罪　ここでしっかり相手に謝る。

▼

どう伝えればいいかわからないとき、
これを使って、あなたの気持ちと頭が整理できます。

❹原因究明　少し広い視野から、この一件を見て分析すると、
なぜ、こういうことが起こったのか？

▼

❺今後の対策　二度と同じまちがいをしないために、
これから何をどうするか？

▼

❻償い　相手に与えたダメージに、どう償っていきたいか？

▼

このままを清書すれば、おわびのメール・手紙が書けます！

あくまであなた自身の考えが引き出せます

いかがですか？ 6つの問いかけを眺めているだけで、もう言いたいことが出てきそうな感じ、頭が整理されていく感じがしませんか？

「考えるシート」を助手に、あなたは、自分でミーティング前の下準備をすることもできるし、このまま清書してメールや手紙を書いて相手に出すこともできます。相手の知りたい情報が、すっ、すっ、と出てきて、なおかつあなたの言いたいことが整理された、つながる手紙が書けます。

手紙のマニュアルなどで、「こう書け」と意見まで強制されてる感じがしてイヤだった人も、このシートなら、大丈夫。ここには、「問い」だけがあるからです。あくまであなた自身の言いたいことを、自由に引き出していけます。さながら、自分へのインタビューですね。よい問いは、あなたの想いをよく引き出します。

このシートには、つながる理由があります

「でも、このシートの問い、どこから出てきたの？」「本当に効果があるの？」と思っている人もいると思います。

効果はあります。この「問い」の構造には、少なくともつながる3つの理由があります。

1つは、この問いの構造が、20年以上の小論文指導経験に基づいている、ということです。

私は、最初は企業に約16年勤め、その主な仕事が、高校生への小論文通信教育の企画・編集・プロデュースでした。全国約5万人の高校生の考える力・書く力の育成にあたり、思うように文章が書けない若い人に、どうしたら自分の頭でものを考え、自分の意見が書けるようになるかを、たく

さんのデータと、たくさんの先生方の知恵をお借りして、日夜、工夫しつづけました。

担当になったばかりの1980年代、文章教育というと、「つらくても書け」というような精神論や、「豊かな発想」というようなあいまいで実体のない指導が横行していました。結局は、いろんな先生の意見を見せて、生徒に参考にさせるようなやり方が多かったのですが、そのやり方では、「生徒の言いたいこと」を引き出すんじゃなく、偉い先生方の見方を刷り込む、ということにもなりかねない。

どうしたら、もっと生徒自身の「言いたいこと」を引き出せるんだろうか？

最も画期的だったのは、90年代にさしかかるころ、「問い」という発想に出会ったことです。

人がものを考えるとき、本人は意識していないだけで、「問い」を持っている。たとえば、「恋愛について考えなさい」といっても、非常に浅い一般論にとどまって、何を書いたらいいかわからなくなってしまう子と、身近な体験から切り込んでいって、考えがどんどん発展して独自の意見が書ける子がいます。その差は歴然です。いったい何が違うのでしょうか？

それは、無意識に持っている「問い」です。

ウケウリや一般論で終わってしまう子は、ほとんど問いが立ちません。ただぼうっと、「恋愛って何？」というような大き過ぎる問いを抱いて、立ち往生しています。

ところが、自分の頭で考えられる子は、すごい。無意識に次々問いがわいてくるのです。「自分自身の恋愛経験はどうだったか？」「その中で、何かひっかかったことはないか？」「そのひっかかりにカンケイした、本や体験はなかったか？」……というように、次々と、自分に問いかけ、考えを引き出していけるのです。

「問い」だ！

だから、思考停止に陥っている子も、こちらで問いを用意して問いかけていくことで、生徒独自の意見を引き出していける！

実際、モニターや、ワークショップでやってみると、いままで、自分の意見なんて、ほとんど発言したことのなかった人も、自分で思いもよらなかった本心が言葉にでき、驚く、といったことが起こりました。

どのような問いを立て、どのような順番で聞いていけば、テーマに対する生徒自身の見解を引き出せるのか？

そうしたことを、工夫しつづけてきました。

「考えるシート」の問いは、こうした私の小論文指導経験に基づいています。それが、つながる理由の1つ目です。

2つ目は、考えるシートの問いの構造が実社会で通用することは、少なくとも私自身の経験を通して実験済みだからです。

私は、企業戦士として約16年もまれ、部下の立場もリーダーの立場も経験しました。仕事柄、社外のたくさんの人を動かしていくことが求められました。その後、フリーランスに転向してからは、実にさまざまな企業や大学、初対面の人々とも、協力して仕事をやっていくことが求められます。「考えるシート」の問いは、机上の理論でなく、このような実社会の中で試され、練り、鍛え上げられてきたものです。たとえば、先ほどの「おわび」、

おわびの問いの構造

❶ 相手の立場からこの一件を見るとどうか？　**相手理解**

↓

❷ 自分の非はどこにあるか？　**罪の認識**

↓

❸ ここで相手に謝る　**謝罪**

↓

❹ なぜ、このようなことをしたか？　**原因究明**

↓

❺ 二度としないためにどうするか？　**今後の対策**

↓

❻ かけた迷惑にどう償っていくか？　**償い**

これは、私自身が、企業にいたころ、社外の先生におわびしたり、読者におわびしたり、「部下の責任をとらなければ、社長に訴えるぞ！」というような激苦情におわびしたりする中で、試行錯誤を繰り返し、通じるように鍛えられた構造です。このように、「考えるシート」には、私自身が実社会で生き、働くためのコミュニケーションのレシピが反映されています。

3つ目に、私は編集者として、なかなか活字を読んでくれない高校生を対象に、教材を企画編集してきましたが、その中で工夫改良してきた読者とつながるコミュニケーションの構造が、シートに生きていることです。企業では、担当した教材が高校生に読まれたか、わかりやすかったか、役立ったか、客観的なデータをとりながら、細かく検証することが求められました。そのおかげで、高校生の心に届くコミュニケーションの立て方を、気の済むまで、工夫改良することができ、担当の教材は高校生部門で最も活用されるまでになりました。編集は情報の配列が命です。編集者として多数の受け手の目から検証され、情報の配列を鍛え、練られてきた経験がシートに活かされています。

このような理由から、「考えるシート」は、あなたがシーンに応じて、必要最低限のことを順序立てて考えるために、助手として充分機能すると考えます。

しだいに自分で構成できるようになります

「実社会で機能するコミュニケーションだということはわかった。だが、その順番だって、ひとつの型だろう。だれかの型を刷り込まれるのはいやだ。おわびにしても、お願いしても、コミュニケーションの立て方は、自分で自由に考えたいんだ」という人もいると思います。

つまり、どんな問いを立てるかそのもの、構成そのものから自分で考えたい、ということですね。

そういう人こそ、一度、「考えるシート」を使って、ひとつの基本の型を押さえることをおすすめします。

高校生が入試小論文を書く場合も、たとえば「具体例→問題提起→その分析→意見」など、基本の型を持っている生徒のほうが、その型を組み換えたり、足したり、引いたりしながら、自分の思うようにアレンジできます。柔軟なのです。

一方、とくに型を持っていない人は、書くのに非常に時間がかかり、また、一度自分がつくった型をアレンジすることもなかなかうまくできません。書くたびに、実は、無意識に何かの型を起こすところから模索しているからです。そこにパワーをとられてしまって、なかなか言いたい内容のほうに専念できないのですね。

つまり、「考えるシート」で、汎用性のある型をいったん押さえ、その問いの流れに沿って考えてみる。さらに、いろいろな型にあたってみていくことで、それを組み合わせたり、組み換えたりしながら、あなたの考えやすい型を自由にアレンジできるようになります。

シートに沿って考えていきながら「どうもこの順番では考えにくいな」というところが出てきたら、しめたもの。あなたの思考のパターンを意識できるチャンスです。自分の思考のパターンを自分で意識できているかどうかが、自分らしい構成を作っていくスタートラインです。

自分で使いやすいように、問いの順番を変えたり、省いたり、独自のものを足したりしていってください。

ただなにも制約のないところでぼうっと考えていることが、自由ではありません。基本の型をいくつか身につけ、そこから型そのものを自分でアレンジし、自分のコミュニケーションの型を作っていく自由を、ぜひ、この本を使いこなして味わってください。

「おわび」の項のしめくくりとして、「考えるシート」の記入例と、そこから、実際におわびの手紙を書いてみた例をあげておきます。あくまで例として参考程度に見てください。「問い」によって引き出されるものは人それぞれです。記入例とはちがう、あなたの想いをシートに書き込むことに意味があります。

次ページからの、記入例、手紙の例をながめて、「あ、こんなふうに使えばいいんだな」というだいたいの感触がつかめたらOK！ 次の「お願い」の項に進みましょう。

記入例です。

❶相手理解　この一件を、相手の立場になってたどってみると、
相手はどんな気持ちだったか？

先生にしてみれば、せっかく苦労して書き上げて、非常にいい出来だったのに、編集者のミスで改作させられることになってしまった。くやしい、残念だ。
忙しいのに、ひどいスケジュールだったため、他の予定にすごくさしさわった。

▼

❷罪の認識　自分の非を積極的に認めると、自分は何をしたか、
どこがどう悪かったか？

写真の版権者と連絡が取れないケースをまったく想定してなかった。編集者として無知、読みも足りなかった。結局、自分が未熟で、対応を誤ったせいで、そのツケを、先生に、無茶なスケジュールで改作させるというカタチで払わせてしまった。

▼

❸謝罪　ここでしっかり相手に謝る。

心からお詫びいたします。申しわけありませんでした。

▼

❹原因究明　少し広い視野から、この一件を見て分析すると、
なぜ、こういうことが起こったのか？

版権者と連絡がつかないケースを想定してなかった＝無策。発覚してからも、関係者に報告せず、善後策も考えず、結局、ぎりぎりになるまで判断を先延ばし……＝待ち。結局、待ち、放置、私って、なんにもしてない。原因をつきつめると、私の「怠慢」。

▼

❺今後の対策　二度と同じまちがいをしないために、
これから何をどうするか？

版権が取りにくいと判明した時点ですぐ関係各位に連絡する。その時点で最悪の場合に備えた善後策を考えておく。使用を取りやめるかどうかは、遅くとも責了日の2週間前までに決断する。動こう！

▼

❻償い　相手に与えたダメージに、どう償っていきたいか？

これから、このコーナーをさらに面白くし、一号一号妥協のない編集を重ねていくことで、先生にも、読者にも、つぐなっていくしかないし、絶対今回迷惑かけた分、いいものにしていく！

▼

このままを清書して、実際に手紙を書いてみました。

文章例です。 下じきから清書してみました。

先生、このたびは、私のせいで改作をさせてしまいました。最初にいただいた原稿は、我々の発想の盲点を突く、素晴らしいものでした。それを改作する先生が、どんなに残念でいらっしゃったかと思うと、言葉もありません。しかもギリギリになってお願いしたものですから、他のご予定に非常に差し支えたろうと、心が痛みます。

私は、写真の版権者と連絡が取れないケースをまったく想定していませんでした。編集者として無知、読みも足りませんでした。結局、私の判断の誤りから、先生に、無茶なスケジュールで改作させるという迷惑をかけてしまいました。

心からお詫びいたします。本当に申しわけありませんでした。

原因をつきつめると、私の「怠慢」と言う他ありません。版権者と連絡がつかないケースを想定できず、無策でした。発覚してからも、関係者に報告せず、善後策も考えず、結局、ぎりぎりになるまで判断を先延ばし……。「何もしなかった＝怠り」が招いたミスです。

今後は、版権者と連絡が取りにくいと判明した時点ですぐ先生に連絡し、こちらとしても対応策を考えておきます。最悪の場合、使用を取りやめる判断は、遅くとも責了日の2週間前までにいたします。

おかげさまで、読者の高校生には迷惑をかけずに済みました。これから、このコーナーをさらに面白くし、一号一号、妥協のない編集を重ねていくことで、先生の今回のご厚意に報いたいと思います。本当にありがとうございました。

2

「お願い」をする

つながる「お願い」はどこが違う？

同じ時期に、同じような依頼をしても、断られる人と受けてもらえる人がいます。いったい何が違うのでしょうか？

これは、長い間、私にとっても切実なナゾでした。

企業で編集者をしていた私にとって、「お願い」を成功させるかどうかは、仕事を左右するものです。作家や大学教授への原稿のお願い、校正者やアートディレクターなど外部への仕事の依頼、上司や、同僚へのお願い。

中でも、人気の高い先生の心をどうやってつかみ、原稿を書いていただくかは、編集者たちにとって、切実な問題でした。

もちろん、企画力、タイミングや、会社のブランド力、謝礼として支払える予算など、コミュニケーション以前の問題は大きいのですが、それでも、たった一通の手紙が、相手の心を動かすことも、また現実でした。

いったいどれだけ「お願い」の手紙を書いたかしれないほど書いては、結果を受けとめ、トライ・アンド・エラーを重ね、自分なりに、つながる依頼のスタイルのようなものができていきました。それでも人気・実力ともに高い人のところには、仕事が集中し、なかなか引き受けてもらえないこともありました。

たくさんの依頼文の中でも、「これは引き受けたい！」と先生が思う文章は、いったい何が違うのか？

長い間のナゾを解く機会が訪れました。

一発でつながるポイント

私は、2000年に独立したのですが、それからは思いもかけず、立場が逆転し、執筆・講演など「お願いする立場」から、「お願いされる立場」に変わりました。「自分がやっていた依頼は、相手からはこう見えるのか！」と、発見、冷や汗の連続でした。

中でも、立てつづけに本の依頼を23社からいただいたときは、まるで、「依頼の品評会」を見るようでした。

気がついてみると、お金やブランド力、規模などに全然関係ないところで、自分は動かされ、仕事を選んだり、引き受けたりしています。いったい自分は何に心を動かされているのか？

「お願いする立場」で鍛えられた経験則を、いま、「お願いされる立場」から厳しく検証し、確信に近い答えが浮上しつつあります。

ひとつは、受けたくなる依頼は、私への理解が適確だということです。多くの依頼文には、「日ごろ山田さんの仕事をこう見ています。こう理解しています」というような私への理解や共感が書かれています。これが正確で深いと一発で心をつかまれます。

「ああ、この人は、私がやっていることをよくわかってくれているなあ」という安心、嬉しさ。それは同時に、相手の、ものごとの見方・理解力・判断力・表現力の見事さに打たれた瞬間でもあります。自分のことは自分がいちばんよくわかり、そこに、適確な理解が注がれているからです。

ですから、まだ、会っていなくても、一発で相手に対する「信頼」が生まれます。

逆に「私への理解が、どうも何かズレているな」と思うと、褒められてもどうも違和感があります。もっと違和感があるのは、「この人は、私の仕事についてほとんど知らないな、知ろうともせず依頼をしてきたな」というときです。

実は1社だけ、単行本の依頼にもかかわらず、私のこれまで出した本を1冊も読まないで依頼をしてきた編集者さんがいました。すぐわかった。

どうしてか、本当にすぐ、わかってしまったのです。失礼ながら、うかがってみると実際そうでした。その方の名誉のために言っておきますが、まだ社会に出てほやほや、依頼は、私が2件目だったそうです。

まったく無名のころは、私の書いたものを見て、内側から共感してくださった人だけが、心からの依頼をしてくださいました。いま思えば、非常にピュアな世界で仕事ができていたと思います。

しかし、少しメディアに仕事がとりあげられるようになると、「コミュニケーションの教育をしている山田ズーニーという人がいるらしい」「人からすすめられて」というように、外側を見て、依頼されるケースが、一件、また一件と出てきます。

コミュニケーションには、お互いのお互いに対する理解度がごまかしようもなく表れてしまいます。

ほとんどの編集者さんが、私が出した本はもちろん、その他の書きものまで、よく読んで、よく理解して依頼に来られているので、そうではない人との差は、歴然と、理解の差となって表れてしまいます。本当に、依頼を受ける側からすれば、歴然としています。

理解の差は、能力の差ではありません。相手や、相手のやっていることを知ろうとする努力の差だと思います。

もちろん私も、私の本を全部読んで、よく理解してくれた人とでないと仕事をしない、というほど傲慢《ごうまん》ではありません。それとわかってお引き受けすることも、もちろんあります。

ただ、私の仕事を実はほとんど知らない、知ろうともしないというのだったら、「ではなぜ、依頼をしてきたんだろう？」「その仕事、本当に私がやったほうがいいのだろうか？」と疑問がわきますよね。だから、そこがもやもやし、すっ、とは「つながらない」のです。

よく「熱意に動かされる」といいますが、「熱意」だけなら、何かをお願いしようとするほとんどの人にあると思います。その熱意をどんな「行動」に結びつけたか？

相手が本を出している人なら、1冊以上は読む。音楽や芝居をやっている人なら、一度は足を運んで聴く、観る。上司や部下なら、日ごろの仕事や発信などをよく見ておく。友だちなら、その人のこだわりや考え方などをよく見て理解する、という「行動」が大切です。だれでも、自分のことをより正しく理解されたいと思っています。相手や、相手のやっていることへの理解を、何か「お願い」する前に伝えると、その理解の正しさで信頼関係ができ、あとの依頼はぐんとつながりやすくなります。

心に火をつけるポイント

最近、自分が引き受けた仕事をたどってみると、やはり、依頼者の「志」に、心を動かされていることに気づきます。これは、きれいごとではなく。

たとえば、去年、九州から学生さんが講義を依頼に来てくださったのですが、その学生さんたちは、学生と社会をつなぐため、自分たちで講義の企画・講師の選定から依頼、運営まですべてやっていました。また、全国700人の保健室の先生に向けて講演をしたときも、依頼者の、「保健室の先生というと、どうしてもコミュニケーションでは受容性が求められる。そうではなく、子どもが心の痛みを抱えている時代だからこそ、保健室の先生に、自分の想いを能動的に職場や地域で発信していってほしい」という志に共鳴しました。小さな出版社で、公費ではなく、編集者が自分たちで何千円とお金を出し合って、勉強会をしていたところにも講演に行きました。地方の高校の先生が集まって、「生徒の文章指導に頭を悩ませている、よりよい指導に力を貸してほしい」というのにも打たれました。

反対に、大学の講義で、学生に依頼文を書いてもらったのですが、本当にお願いしたい人に、お願いしたいことを書いていいと学生に言ったら、「お金持ちの人にお金をくれ」という学生が少なからずいてガクゼンとしました。それも、講義をなめているのではなく、正直に考えたら、本当にいま、人に頼みたいことはそれしかないという状態でした。

しかし、その依頼は、お金をもらう＝目標になってしまっている。ただほしいだけで、そのお金を生かしてどうしたいのかがないのです。

「それを相手に頼み込む＝目標」になってしまっているものは、人の心を動かしません。それを頼むことで達成したい「ビジョン＝志」を示すことが肝心です。

「大学の講義をもっと社会にひらかれたものにしたい」「保健室の先生にもっと自分の考えを発信してほしい」「高校生の力を引き出す文章指導がしたい」。お願いするときは、それを受けてもらったら、だれに、どんなふうに役立つのかを明確にすることです。

お願いされる側は、そうした志を示されることで、自分が受けることが、だれに、どんなふうに役立つのかがわかるので、やる気が引き出されます。

信頼と期待の掛け算

最終的に相手の心を動かす「お願い」のポイントは、「相手に対する理解の正しさ深さ」×「自分が達成したい志の質」だと私は考えます。

これらを踏まえて、「お願い」の下じきを次のように組んでいます。

説明はあとで、まず、ざっと見てください。

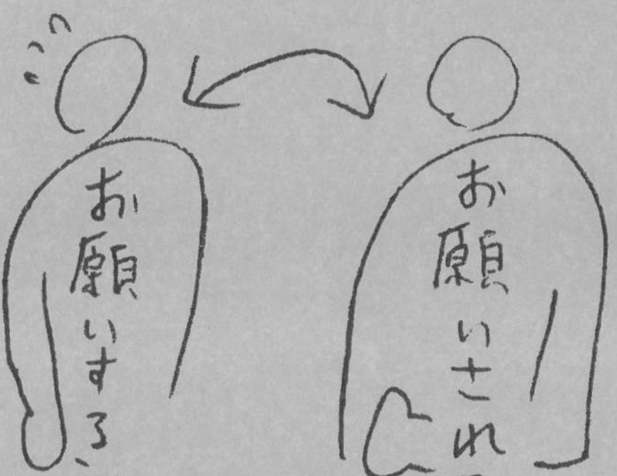
お願いする立場
お願いされる立場

「お願い」を考えるシート

❶自己紹介　私はどういうものか？

▼

❷相手理解　あなたのどんなところに共鳴しているか？

▼

❸依頼内容　何をお願いしたいか？

▼

何から、どうお願いしていいかわからないとき、
ここを出発点にしてみましょう。

❹依頼理由　なぜ、他ならぬあなたにお願いしたいのか？

▼

❺要項　具体的な期日・条件・謝礼などは？

▼

❻返信方法・期日　お返事をうかがう方法と希望期日は？

▼

❼志　これを引き受けてもらうことで達成したいビジョンは？
だれに、どう役立てたいのか？

▼

このままを清書すれば、お願いのメール・手紙が書けます！

実際につながった依頼文

ここで、私が実際に仕事を引き受けた、依頼のメールを見ていただこうと思います。それも、ベテランの編集者さんではなく、まだ社会に出て1年目の編集者さんのものです。「考えるシート」のとおりの順番にはなっていませんが、分解すると、必要な問いがちゃんと入っています。細かいことはあとから解説するとして、新社会人でも、相手の関心ある問いに答えていくことで、つながる依頼になるのだ、というところを見ていただけたらと思います。

山田ズーニー様

初めてメールいたします。私は○○という出版社で編集者をしております○○○○と申します。実は、山田様とお仕事をご一緒したいという思いでメールさせていただきました。少し長くなってしまいますが、お読みいただけたら幸いです。

就職活動を迎える学生に向けて「文章術」をテーマにした一冊をお願いしたいと思っています。

冒頭で編集者をしていると書きましたが、まだまだ駆け出しもいいところの25歳です。今年の春、5年かけてようやく大学を卒業しました。4年生を2回、つまり就職活動を2回経験しています。回数に比例して面接・書類審査などの「通過」の数も増えるという定説もなんのその、2年間で通算100社は落ちたかと思います。

自己PRに志望動機。「自分は何者？」の迷路に迷い込み、消しては書いての繰り返しでした。何を書いてもきれいごと、嘘を書いては自己嫌悪。「わかってくれ！」と「わかられてたまるか！」を同時に叫んで、その結果、言語不明瞭の叫び声をあげているだけという状態にいました。

そんな日々を過ごしていた時期に出会ったのが山田様の『おとなの小論文教室』でした。今でも覚えています。『おとなの小論文教室』に出会ったとき、私は“懐かしさ”を覚えたのです。

誰かに理解されなくて落ち込んだり、誰かを理解できなくて考えたり。そうやって「考える」ことで人と関わってきた自分を思いだしたのです。

当時の私はコミュニケーションの「スキル」を追うことに懸命でした。外側を整えることで面接官と向き合おうとしていたのです。「習得」の前に「理解」。原点とも言える自分自身の「これまで」に改めて目を向けることができました。

それをきっかけに事態は好転、といけばドラマチックなのですが、現実はそれ以降も散々苦しみました（出来の悪い読者ですいません……）。

ただこれだけは言えます。『おとなの小論文教室』から学んだことは就職活動を終えた今でも生きています。「水面上」の氷山ではなく、「水面下」の氷山に目を向けることを教えてくれたからです。

押し寄せる「初めての現実」につぶされそうになるという側面が就職活動にはあります。だからこそ、その場しのぎの文章術ではなく、その根底に流れる自分自身を意識し、それを踏まえての文章術を身につけられる一冊にしたいと考えています。

こうしたお願いをメールでする無礼をお許しください。もし、ご返信いただけましたら大変うれしく思います。後日、私のほうから改めてご連絡さしあげたく思っています。

これから寒さは一段と厳しくなってくるかと思います。くれぐれもお体にはお気をつけください。長々と失礼いたしました。

お願いの下じきに沿って解説していきましょう。

❶自己紹介　私はどういうものか？

- 私は○○という出版社で編集者をしております○○○○と申します。
- 私は、今回のテーマである「文章術」について、私自身が就職で100社落ち苦労した、切実な体験を持つ者です。

❷相手理解　あなたのどんなところに共鳴しているか？

- 『おとなの小論文教室』に懐かしさを覚えた。「考える」ことで人と関わってきた自分を思いだした。

❸依頼内容　何をお願いしたいか？

- 就職活動を迎える学生に向けて「文章術」をテーマにした一冊をお願いしたいと思っています。

❹依頼理由　なぜ、他ならぬあなたにお願いしたいのか？

- 自分自身が就職活動の中で、外側を固めるのでなく、原点とも言える自分のこれまでに気づかされた。「水面上」の氷山ではなく、「水面下」の氷山に目を向けることを教えてくれたからです。

❺要項　具体的な期日・条件・謝礼などは？

＊後日具体的に話すとして、このメールには盛り込んでいない。

❻返信方法・期日　お返事をうかがう方法と希望期日は？

- もし、ご返信いただけましたら大変うれしく思います。
- 後日、私のほうから改めてご連絡（＊この場合は電話）さしあげたく思っています。

❼志　これを引き受けてもらうことで達成したいビジョンは？

- 押し寄せる「初めての現実」につぶされそうになるという側面が就職活動にはあります。だからこそ、その場しのぎの文章術ではなく、その根底に流れる自分自身を意識し、それを踏まえての文章術を身につけられる一冊を、就職活動に苦しむ人たちに届けたい。

この「お願い」の手紙を受けた側として、私はまず、非常に切実な「志」を受け取りました。加えて、私が文章指導で大事にしてきたこと、つまり、外側を取り繕うのではなく、いままで生きてきた自分に立脚して、自分の頭で考え、自分の想いを表現するということへの適確な理解があります。「私の仕事への理解の適確さ」×「志の切実さ」により、信頼とともに、やる気を引き出されたメールでした。

では、「考えるシート」に沿って、実際に依頼をする際の注意点をあげておきましょう。

お願いの手紙を書く際のワンポイントアドバイス

❶自己紹介　私はどういうものか？

仕事の場合は、会社名・職種・氏名、プラスしてこのような問いで説明するとわかりやすい。

- だれを対象に？
- どんな仕事をしているものか？

（例）全国5万人の高校生を対象に、考える力・書く力を育成する小論文通信教育の企画・編集をしています。

●必要なら、自分のこれまでやった仕事の見本を添えるのも効果的。

❷相手理解　あなたのどんなところに共鳴しているか？

相手のこれまでの活動、仕事などを実際に見たうえで、そこに対する理解・共感を実感のある言葉で伝える。ここが、正確であれば、一発で相手の信頼を得ることもできる。

歯の浮くような褒め言葉ではない。褒めるのではなく、理解を伝える。

＊❷の相手理解と、❹の依頼理由はあわせて一つにしてもよい。

❸依頼内容　何をお願いしたいか？

まず、できるだけ簡潔に、わかりやすく。

❹依頼理由　なぜ、他ならぬあなたにお願いしたいのか？

「ほかにいなかったのでしかたなく」というような、だれでもよかったという言い方は相手を傷つける、また「私がとにかくせっぱ詰まっているので」というような、こちら側の都合を述べるのでもない。

ここはあくまでも、「相手の長所と、今回お願いしたいことのつながり」を説明すること。

❺要項　具体的な期日・条件・謝礼などは？

別紙に「要項」として分けるとわかりやすい。

また、先にあげたメールのように、具体的なことは、あとで伝えるようにしてもよいが、「相手が判断するために必要最低限のこと」は入れておきたい。

❻返信方法・期日　お返事をうかがう方法と希望期日は？

初めての人に、手紙やメールで依頼をした場合は、返事はこちらから電話でうかがうというのを原則としよう（自分の電話のコミュニケーションに問題があるとか、相手が電話嫌いの場合は別）。

こちらから電話をするには、2つ理由がある。

1つは、もし、相手が断る場合、メールで微妙なニュアンスを込めながら返信を書かせるのは、相手にとってかなり負担だということだ。

もう1つは、相手が断りそうなときも、こちらから電話することで、補足したり、疑問に答えたり、説得のチャンスが持てるということだ。

❼志　これを引き受けてもらうことで達成したいビジョンは？

だれに、どう役立ち、歓んでもらえるのかをはっきり示す。

最後にもう一度、人を動かす「お願い」のポイントは、「相手理解」と「志」です。「相手理解」は、相手の仕事や活動を知る行動から生まれ、「志」は、達成したいイメージを言葉にしていく行動から育ちます。熱意を行動に結びつけること。

断られても、「理由」をよく聞いて、シートに戻って、どこが足りないかよく考えて、タイミングをみはからって、二度、三度とアプローチしていくことで、受けてもらえる可能性も高い。あきらめないで行動しつづけていきましょう！

OK!!

3

「ありがとう」の気持ちを伝える

いま、自由に想いを伝えられるとしたら、「だれに？」「何を？」伝えますか？

私は、大学の講義で、学生に書かせる2番目の課題として、自分で自由に読み手を一人設定してもらい、まず、その一人に通じる文章を書くことをやってもらいます。

そのとき、友人や恩師、恋人など、学生はさまざまな相手を決めて、想いを文章に書くのですが、中でも最も多いのが、「親」、それも、「お母さん」に、「感謝」の気持ちを伝えたい、という学生です。

まず、大学1年の春、男子学生の書いた、こんな文章から、見てください。

自分の想いを母さんに伝える

俺は、いままで母さんが家族のためにメシを作ってくれたり洗濯をしてくれたり掃除をしてくれたりするのは誰もする人がいないからしょうがなくやっているのかと想っていました。だからメシを作ってもらっても嫌いな食べ物が出たら嫌な顔をしていたし、俺が学校に行っているときに部屋の掃除をしていてもなんとなくムカついていました。

だけど、母さんが入院した時に家族全員で家事をし、家事の大変さを知りました。こんな大変なことをしょうがないからやるなんてことはとてもできないと思いました。

母さんが退院して家に帰って来た時俺はなんだか、いままで自分が思っていたことを考えると恥かしくてとてもお礼も言えませんでした。

それからは、どんなに嫌いな食事が出てきても、嫌な顔せずに食べることができたし、部屋の掃除をしていてもムカつくこともなくなりました。

私は、俺たちのために家事を一生懸命にやってくれる母さんにお礼が言いたいです。

だけど、実際に言うのはまだ恥かしいので、手紙で言います。母さんありがとう。そして、これからはできるだけ自分のことは自分で出来るように努力していきます。母さん本当にありがとう。

身近な人に「ありがとう」の気持ちを伝える

「感謝」を伝えるといっても、ビジネスやプライベート、いろいろありますが、ここでは、まず、この学生のように、自分の身近な人に、「ありがとう」の気持ちを伝えることを目指してみましょう。

なかなか機会がないと、伝えられないですが、この学生のように、大学生になった節目、誕生日や、結婚式、何かの記念日、お祝いなど、またそうした機会がなくても、日ごろ、感謝を伝えたかった人に、できれば、メールではなく直筆の手紙を書いてみましょう。

学生たちも、こうした文章はいままで書いたことがなく、初めて書く、という人がほとんどです。

ここでは、私がいつも講義でやっている方法で、あなたが「ありがとう」の気持ちを伝えるサポートをしていきたいと思います。

では、始めましょう！

「ありがとう」の気持ちを考えるシート

❶だれに「ありがとう」を伝えたいか候補をあげる

いま、自由に「ありがとう」の気持ちを伝えられるとしたら、「だれに」伝えたいですか？　顔を想い浮かべてみてください。何人でもいいので、気の済むまでここに書き出しましょう。

言葉にできない想いが少しずつ言葉になります。

❷1人に絞る

この中で、あなたが最も「ありがとう」を伝えたい人は、だれですか？ 1人だけに決めてください。

▶

▼

絞り込みのコツ

頭で考えるというよりも、顔を想い浮かべたときに、より切実に体に響く感じに忠実に選んでいくといいです。

❸その人について想い浮かぶことを書き出す

その人について、どんなことが想い浮かびますか？　真ん中にその人の名前を書き、わきあがってくることを、良いことも悪いことも、意外なことでも、ありのままに書き出していきましょう。ここに書いていけないことなど1つもありません。

時間を移動しながら書き出していくのも手です。初めて出会ったころに時間を戻して、そこからじっくり現在までの記憶をたどってみてはいかがですか。印象に残るシーンは？　胸に何かひっかかっていることは？　自分に影響を与えた相手の言葉や行動はありますか？

❹メインテーマを1つ決める

この中で、あなたが最も「ありがとう」を伝えたいことは何ですか？　1つだけ選んでください。

絞り込みのコツ

ここも、より体に切実に響くもの1つを選ぶといいです。決められないときは、どれか1つを基準として丸をつけ、他を1つずつ比べて、より体に響かない方を斜線で消していくと、メインテーマ1つが残ります。

❺メインテーマについてあなたの想いを洗い出す

あともう一息です。メインテーマについて、想い浮かぶこと、あなたが感じ、考えたことを気の済むまで洗い出しましょう。真ん中の丸に、「だれに、何についてのありがとうを伝える」のかを書いてからはじめましょう。

に、　　　　　についての

ありがとうを伝える

❻最も伝えたいことを絞る

この中で、あなたが最も伝えたいことは、何ですか？　左に書き出した中で、最も切実に響くものに丸をつけましょう。それが中心です。それを、さらにはっきりとした自分の言葉で、下の空欄に書きましょう。

❼その人に手紙を書く

では、その人に「ありがとう」を伝える手紙を書いてみましょう。「え？もう書くの？　どう書くの？」と不安になった人も、大丈夫です。文章で大事なのは、「書きたいものがあるかどうか」です。あなたはここまでの作業でそれを絞り込んできています。少なくとも、「だれに、何を、伝えたいか」は、ブレていない。そこが意外にできていない、ブレたままで文章を書いている人も多いのです。

ここまでの作業で見つかった、あなたの中心にある想い。それが人から見て、たとえささやかなものでもかまいません。その中心を、その人に届けることを目指して書いてみましょう。安心して自由に書いてください。きっと、いい文章が書けますよ。

❽書いたものを見直す

出す前に、できるだけ自分の書いたものを突き放して読んでみましょう。チェックするポイントは3つです。

- いちばん伝えたかったことが書けたか？
- 自分にうそのない文章か？
- 相手はこれを読んで嬉しいか？

つい、ノリで実感のもてないことを書いてしまっているところはありませんか？　自分の実感の持てることだけ書きましょう。それから、これは感謝の手紙ですから、「相手がこの手紙を読んで嬉しいかどうか」、よくチェックし、「これでいける」と思えたら相手に出しましょう。満点の手紙でなくても大丈夫、いちばん言いたかったことが1つ言えたらOKです！

4

へこんでる人を「励ます」

励ましたのに「むっ」とされ？

「せっかく元気にしてあげようと、励ましたのに、むっとされた」という経験はありませんか？

たとえば、企画が通らなくてへこんでいる友だち、あなたならどう励ましますか？　これは、励ましのメール、のつもりでしたが。

例1 なぜか元気になれない

件名：データにとらわれすぎでは

田中くん

「なかなか通らない」と悩んでいた企画書、見せてもらいました。田中くんも、近ごろ主婦向け企画というものがわかってきたな、と感心しました。

でも、ここは同期のよしみで、あえてはっきり言わせてもらいます。まじめなのは田中くんのいいところだけど、データにとらわれすぎなんでは……。

調査結果がこうだから、企画もこう、と杓子定規に考えすぎてはいませんか。

そんな理屈じゃあ、いまどきの主婦の心は動かないんじゃないかなあ。そこから、いい意味で飛ぶことが必要というか。

最近読んだ『驚愕の企画術』という本で、藤堂先生も「調査結果をそのまま商品化したようなものは予定調和だ」とおっしゃっていました。

もっと発想を柔軟にして！　ガンバロウネ。

鈴木令子

問題がある、というほどではないのかもしれません。このままでも、相手によっては、「役に立った」「はっきり言ってくれてありがとう」と言われることもあるでしょう。

しかし、それは、自信もやる気もなくし、へこんでしまった人と、心でつながるというのとは、ちょっと違うように思います。

そこで、たとえば、こんなメールを見てください。

例2 なぜかつながるメール

件名：私も悩んでいたので

田中一雄さん

企画書を見せてくれてありがとう。

主婦の「時間」に目をつけたところが、私はすごくいいと思いました。これは田中さんのオリジナルですね。私も企画に悩んでいたので、田中さんの企画書はとても参考になりました。

私は、昨年まで企画が連戦連敗で、半分やけになって、どうせ通らないなら、自分が本当につくりたい商品をつくってやれ、と思って出した企画がありました。自分の切実な想いみたいなところから出発して、私が主婦だったらどんな物が欲しいかをイメージして企画してみたら、その企画が通ったんです。

そのとき、自分はそれまでデータに頼りすぎていたなと気づきました。主婦の調査から出てきた結果をつなぎ合わせて、商品にしようとしていたと。

それがわかってから、すいすい企画が通り……、とはいかないから、いま悩んでいるんですよね、これが。

だからいまは、自分のつくりたいものと、主婦の求めるものとのせめぎ合いの中から企画を立てていくようにしています。

データとは違う自分の軸をどう持つか、そこが悩みどころです。

今度、私の企画書も見てもらっていいですか？

鈴木令子

へこんで、ささくれている心には、例2のほうが、優しい感じがすると思いますが、いかがですか？

もちろん、こういう文章は正直に書かないと意味がない。計算ずくで、心にもないことを書いたのでは相手にわかってしまいます。ここでは、例1も例2も、自分の想いにうそのないメールを書いたとします。

へこんだときも、かすかなやる気の火種みたいなものが人の心に残っているとしたら、例1は、読んで「がんばらなきゃ」と思っても、なぜか火種が沈下していく感じ。冷える文章です。例2のほうは、がんばれとはひとことも書いてないのですが、ほんの少し温まる。気がついたら、自分の火種がほんのちょっとだけ明るさをとりもどしている、そんな読後感です。

何が違うんでしょうか？

それを一気に、性格とかのせいにしないで、「問いの構造」のせいにしてみましょうか。

「励まし」は「アドバイス」なのか？

へこんだ人を元気にしようと思うと、つい、何か役に立つこと言ってあげなきゃ、アドバイスしなきゃ、と思いますよね。しかし、この、「アドバイス」がくせものなんです。先生が生徒に、プロがアマチュアにアドバイスする、というように上下関係があればいいのですが、同期や、友だちのような対等な関係、もしくは、相手のほうが自分より目上の場合、ちょっとやっかいです。

わかりやすく、高校生が、校長先生の朝礼の話を聞いて声をかける場合を考えてみます。

「校長先生も、近ごろ、教育のことがわかってこられたな、と感心しました。あの調子で自信を持ってこれからもお話しください」って、これ、おかしいですね。

「でも校長先生、話の構成がいまひとつ。もっと具体的な話から入られたほうがわかりやすいかと」って、さらに変です。

そう、褒めるか、けなすかは関係ないのです。助言、アドバイスをしようとすると、ついつい相手より「目線」が高くなってしまう。それが、相手の自尊心を傷つけるんです。例1も、アドバイスしてあげようとするあまり、つい目線が高くなってしまったところがあります。

つながらないポイント

❶一段高いところから相手を見ている

「田中くんも、近ごろ主婦向け企画というものがわかってきたな」。また、企画について、「私は心が動かない」ではなく、「いまどきの主婦の心は動かない」と、一段高いところからものを言っている。

❷相手の非を指摘する

「データにとらわれすぎ」「杓子定規に考えすぎ」と、相手の非を指摘している。

❸エライ人の引用

「最近読んだ本で、藤堂先生も……」とエライ人の言葉を引用してきている。引用は、うまく使うと本当に効果的だが、何かの権威を借りてくることで、自分の身の丈を越えた、押しつけがましいことを言いやすい点、注意しておこう。

❹相手に「変われ」と押しつける

結局は、まじめな田中くんに、「発想を柔軟にしろ」「データから飛べ」、つまり、「変われ」と押しつけている。しかも、抽象的なアドバイスなので、実際どうしたらいいのかわからない。

「変われ」と押しつけるだけで、相手は変われるか？　へこんでいるときに、「変われ」と言われて元気が出るか？

励まさない、励まし

でも例1のような人は、律儀というか、ちゃんと相手のことを考えて、相手を、あるべき方向に導かねば、と思っています。例1の人は、「田中さんの抱えている問題を、どう解決してあげるか？」という問いに、真っ正直に取り組んでいると思います。

しかし、「相手の問題をどう解決するか？」

これはかなりデカイ問いです。しかも、それを相手が、友だちである自分に望んでいるかどうかもわからない。へたをすると、相手を傷つけるだけで、ゴールにまではいけないかも？

そこで、「りっぱになる」ことをちょっとあきらめて。

もっと、小さい問いというか、自分でどうにかなる問いに変えてみてはどうでしょうか？

例2の人は、「その問題、自分ならどう解決するか？　してきたか？」という問いに立っています。自分のことを話すのだから、等身大というか、目線が高くなりません。

つながるポイント

❶自分ならどう変われるか

「へこんでいる相手」を見ると、つい相手を変えようとしてしまいがちです。そこで、「相手の抱える問題」を見てみる。

「その問題を、自分ならどう越えるか？　どう越えてきたか？」という自分の生き方をサンプルとして提供してみることも考えてみる。

❷経験に基づいて話す

例1のようなエライ人の本からの引用でなく、自分の経験に基づいて話してみる。自分の身体で実験済みのことほど、具体的な話はない。自分の身の丈を越えた発言も、これならしにくい。

❸「問い」を共有する

例1のように、「答え」を与えてあげようとすると、相手に変われと押しつける結果になりやすい。例2は、「データとは違う自分の軸をどう持つか？」という「問い」を共有している。

「問い」には、相手に考えさせる効果があるので、問いがピンとくれば、相手は、自ら答えを探し、動いていく。

きっちり、「問い」が共有できればそれで充分かもしれない。

❹自分の足元も見てみる

いまどき、人を励ましていられるほど、実は余裕のない人も多いのではないだろうか？　まわり道に思えるかもしれないけれど、いま自分自身が抱えている課題にも目を向けてみよう。

もしも、相手の抱える問題とどこか何か通じるなら、それが相手とつながるポイントになるし。

逆に相手から励まされるところ、相手からヒントをもらえる部分、相手のほうが先を行っている部分に気づくかもしれない。

❺相手理解を伝える

「主婦の『時間』に目をつけたところが、私はすごくいい」と、企画に対しての理解・共感を伝えている。これが相手にとって、「そこがまさに苦心のしどころだったのだ。気づいてくれましたか！」というような的を射たものなら、一発で相手とつながる。

ここでも、相手に対する正しく深い理解が、つながるポイントになる。

それでも、どうしても厳しいことを
ズバッと言いたい人へ

と、ここまで読んできて、「でも、友だちがへこんでいるときこそ、ガツンと一発言ってやるべきではないか」「甘やかすより、突き放すほうが相手のためだ」と思っている人もいると思います。

私自身が、本を読みながら、そういうふうにいちゃもんをつけるタイプなので、そういう人がいるとちょっと嬉しくなります。

そういうコミュニケーションのあり方を、私は否定しません。たぶん、中途ハンパはいけないので、そういうときは思い切ってやったほうがいいのでしょう。

ここでは、へこんでしまい、いま強くなれない人が、メールや手紙など、「言葉」で、少しでも元気をとりもどすには、どういう問いの構造があるか、たたき台を提供する、という立場で「考えるシート」を示してみます。

違和感があるところは、どんどんたたき、改良して、あなたならではの「励まし」のコミュニケーションを作ってみてください。

きっと、あなたなら、もっといいものができると思います。

へこんでいる人への「励まし」を考えるシート

❶相手理解　今回の件、または日ごろの相手をよく知り理解したうえで、共感するところ、相手のいいところはどんなところか？

▼

❷自分の経験　いま相手が抱えている問題と、つながる自分の過去の経験、あるいは、現在進行中の問題は何か？

▼

❸キーワードの提示 その経験からあなたが発見したこと、感じ、思ったことは何か？（できれば、キーワードとして凝縮して）

▼

❹自分の課題 自分の抱えている課題は何か、それに対して自分自身はこれからどうしていきたいか？

▼

❺相手への感謝 自分の考えを聞いてもらったことや、日頃相手から得ているものへの感謝、相手に頼みたいことなどはないか？

▼

自分が相手だったら、これをもらって嬉しいと思えたら、そこがゴール。

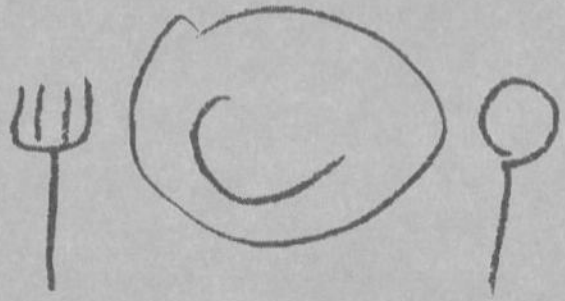

自分とつながる

「思う自分」と「現実の自分」には
ズレがある。
自分に問うことで
自分がわかってくる。

マークのところは、自分のことだからと恥ずかしがらずに、
思いのたけを書きこんでください。

自己紹介をする

自己紹介、なんでこんなに苦しいの？

自己紹介は、どうして、おっくうなんでしょう？

まず、人生ここいちばんの自己紹介で、苦しんでいる学生さんの声をきいてください。

就職活動中の某薬科大学3年生です。

私は履歴書1枚を書くのにものすごく時間がかかります。とくに自分をアピールする具体的事例がなくて本当に困っていました。

大学に入ってからだらだら過ごしていたわけではないのです。それどころか毎日勉強とレポートに追われ、テスト前は泣きそうになりながら、がんばっていました。胃炎を起こして動けなくなったこともありました。

それでも成績が良いとは言えず、「勉強をがんばりました」と胸をはって言うことができない自分が情けなくて……。どうしてアルバイトやサークルをする時間がある人たちにはアピールすることがたくさんあって自分にはないのだろうと。

ただ「私はこういう性格です」といっても説得力がないし、具体的事例を出そうとすると中学生の頃のことになってしまい過去の栄光を語っているようで本当に嫌だった。薬学部は就職先を選ばなければ（薬局など）楽に就職できるので、大変なのは製薬企業などを受けている人だけで、就職活動を始めたら2週間くらいで、決まってしまったりします。

5社落ちたところで、もう製薬企業はあきらめようかなと思ったりしました。あんなに真剣に書いた書類が通らないのでは、この先いくら続けても無駄だと思ったのです。

そんな時、ズーニーさんの「ないものをアウトプットする」というコラムがあったことを思い出して読みました。何度も何度も……。そして少し救われました。

今も印刷してカバンに入れて持ち歩いています。まだまだ先は長いけれど納得できる就職先がみつかるまでがんばりたいと思います。

これは、私がインターネットに書いているコラムに寄せられたメールです（文中に出てくる「ないものをアウトプットする」技術については、後ほど説明します）。

いまどき、就職に限らず、「自分は何ものか？」説明するシーンは多いですね。初対面のあいさつ、営業、ちょっとしたプロフィールの作成、転職、異動、昇進試験などなど……。なにしろ、人とモノと情報が、大量に激しく行き交っていますから。

自己紹介が苦痛なのは、多くの人が、ふだんから、「自分と自分の通じ」がよくないからではないかと思います。自分のことが自分でよくわかっていない。もっと言えば、自分に「幻想」があるからではないでしょうか？

自分探し≠自己PR≠他者の評価

私たちは社会に出る前、ほとんどアウトプットが求められません。自己PRどころか、自分はどんな人間か、表現してみたことも、考えたこともない人がほとんどです。そんな状態で就職などで、いきなり「自己紹介」をやらされるわけです。

だから、「自分探し」と「自己PR」を一気にやってしまう。本来、「自分とはどんな人間なのだろうか？」と分析することと、「自分のいい面をいかに人に伝えるか？」というPRは、「問い」が別々です。ところが、焦って一気にやるから、問いが混線します。
「自分探し」を、「自分をいかに他人によく見せようか？」という問いでやってしまうと、客観的な分析を欠き、「自分には人に自慢できるようなところが一つもない」と落ち込んだり、実像以上に自分を飾って見せたりしがちです。

そんな自己像がブレたままでは、なんとなく落ち着きませんね。不安なまま、面接官など「他人に評価」を委ねることになります。

でも、「自分はどんな人間か？」と、「自分のことを他人がどう思うか？」は、また「問い」が別です。ここが混線するとやっかいです。

さらに、就職の面接官は、「自分はどんな人間か？」を評価してくれるわけではありません。ただ、「必要なポストに見合う能力があるかないか？」を見ています。しかし、「自分はどんな人間か？」に合否をつけられたような気分になる。否定されると、ぺしゃんこになります。
「自分はどんな人間か？」と、「自分の長所を人にどう伝えるか？」と、「それを人がどう思うか？」――「自己紹介」のシーンでごっちゃごちゃになりがちなこれらの問いを、すっきりさせる必要があります。

それには、他人にどう伝えるかの前に、「自分のための自己紹介」を作っておくことです。

自分のための自己紹介を作る

学生に、「だれか一人、自由に相手を決めて、その一人に通じる文章を書いてください」というと、必ず、その相手を「自分」とする人がいます。

自分で自分に手紙を書きたい。そんな人が、かなりの数います。

ふだんから、自分自身とよく話し、通じていないと、自分のことがわからない。わからないから知りたい。すると、関心が知らず知らず内へ内へと向いています。ですから、自己紹介を求められて、ついつい自分探しをしている人も多いのでしょう。

現実のシーンでは、自己紹介は、1つ作っておしまいではありません。出す相手によって書き分けます。相手の求めている「問い」が違うからです。

就職の自己紹介なら、相手は、「この人は仕事ができるかどうか？」を見ていますし、合コンなら「異性として魅力的かどうか？」、音楽のバンドメンバー募集なら、「音楽性はどうか？」を見ています。就職でも、営業職と研究職では、相手の関心ある問いは違います。

つまり、「自分」というものは、「多面体」のようなもので、自己紹介は、相手の関心ある問いに応じて、「自分のどの面を見せていくか」ということになります。

だから、就職活動など、さまざまな場面で自己紹介を求められて、つい自分探しをしてしまうと、偏った問いによって引き出される、自分の「ある面」しか見ないということになりかねません。

これでは、自己像は偏ってしまいますよね。特に就職では、機能で自分を切り分けるようにもなりかねません。

ですから、就職のためとか、なんのためとかじゃなくて、いい面も悪い面も含めた、自分の全体像を、自分でつかんでおくことが肝心です。

そういうベースが1つあれば、あとは、必要に応じて、「自分のどの面を出していくか？」を考えていけばいいのです。

そして、他人にいいの悪いの言われる前に、まずは、そんな自分を自分はどう思うのか、自己評価をしておけば、他人に否定されても、ぺしゃんこにはならない。

ここでは、どんな方向から自己紹介が求められても、慌てないで書き分けるためのベースとなる自己紹介を作っていきましょう。
ポイントは2つあります。

❶自分の主旋律を浮かびあがらせる

「いまの自分」について人に説明しようとすると、「いま」に集中して考えがちです。すると、よけいに「いまの自分」は見えてこないのです。

そこで、自分の過去をふりかえってみるとどうでしょうか。過去からいまに通じる自分が「線」として浮かんできます。さらに、未来の自分を思い描いてみるとどうでしょうか。意外な自分の意志を発見することもあります。

自分の過去、現在、未来と、移動しながら問いかけ、その線上に浮かんでくる「自分の主旋律」のようなものをとらえてみましょう。

❷人や社会との関係から自分の存在を浮かび上がらせる

「自己紹介」だと、どうしても「自分」のことだけを考えますね。これが、ゆきづまる原因です。自分のことだけ見ていても、なかなか自分はつかめません。

「個性」も「自分の才能」も、人とのつながりの中で発見していくほうが、つかみやすいと思います。そこで、人との関係を思い浮かべながら、そこに浮かび上がる自分の存在をとらえてみましょう。

自分を浮かび上がらせる「問い」、用意しました！

自己紹介を作る下準備としして「自分の主旋律」、そして、「人との関係の中の自分」を浮かび上がらせるための「問い」を用意しました。いえ、ここはひとりでなく、ちょっと趣向があるんです。

こんな方法でやってみませんか？

手順❶
相手を1人探してください。

インタビューのカタチでやろうと思います（どうしても相手がいない場合、最終的にあなた一人でも作業はできます。だから安心してください）。それで、だれか相手をしてくれる人を1人、探してください。

もっともふさわしい相手

知人ではあるが、まだお互いよく知らない相手がベストです。（例：同じクラスだけど、ほとんど話したことがない人、就職活動などのイベントで最近知り合った人など）

できれば、あなたが男なら、女。あなたが若い人なら、年上の人、というように、自分と距離のある相手だと効果的です（なあなあで通じ合えないので、客観的な表現を心がけますし、話していて発見があります）。

できれば避けたい相手

家族、すごく仲のいい友人、恋人などは、できたら避けたほうがいいです。よく知っているだけに、正直に言えないことも出てきます。どうしてもダメだったら、これらの人に頼んでもいいです。

ふさわしくない相手

自分がひそかに好意を寄せている人とか、仕事の上司・取引先など、利害関係がある相手は、よく思われようとして、正直に話せないので避けてください。

知らない人。あやしまれます。

手順❷
その人に協力を頼んでください。

「自己紹介の文案を作るために、頭を整理したいから、質問の聞き役になってほしい」と頼んでください。

20の用意された質問を順番に聞いていくだけでOK、所要時間は約30分です。

お礼に、相手にインタビューしてあげることもできます。相手も頭が整理できます。

相手が見つかったら、では、始めましょう！

手順❸
インタビューシートAを相手に渡して インタビューしてもらってください。

インタビューをする人の注意

相手の話は「目」で聞き、「心」のメモに刻んでください。メモは一切とらないで、相手の顔をよく見て（恥ずかしがらずに）、目で聞いてください。

インタビューをされる人の注意

本当のことを言う。表面的に「このぐらいのことを言っておけば」という感じで答えていると、話すほうも聞くほうも苦痛で30分持ちません。本当に心から想ったことを、正直に言ってください。

りっぱな答えである必要など、まったくありません。

手順❹
相手にもインタビューしてあげてください。 今度はシートBで。

相手が見つからなかった人は、A、Bのインタビューシートに、自分で答えていけばOKです。

では、インタビューを 始めましょう！

インタビューをする人は、
メモはとらないでください。
相手の話は目で聞き、
心のメモに記録するよう心がけてください。

インタビューAを行うあなたの目標

まず、このページで目標を押さえてください。
（相手には言わないで。）

過去→現在→未来という**時間軸**と、
身のまわり→社会→世界という**空間軸**に問いを立てながら、
この人の**主旋律**を引き出すことを目指してください。

この人は過去→現在まで、どのように生きてきて、いま何を想い、現在→未来へ向けてどうしたいという意志を持っているのか？

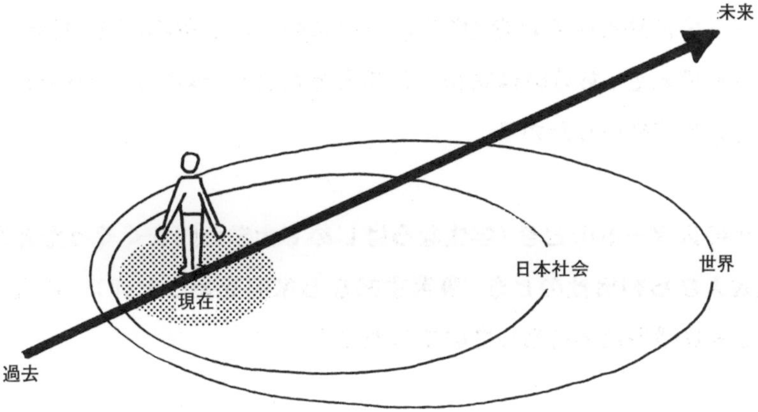

目標がイメージできたら インタビューを始めてください。

では、インタビューをはじめます。

❶いま、あなたの「好きな」、「興味のあること」は何ですか？　自由になる時間を、ついつい使ってしまうような、あなたの心が向くものです。

❷いま、悩みはありますか？　たとえば、夜、ふと、それを考え出したら、眠れなくなるようなことです。

❸いままで生きてきた自分をふりかえって、印象に残っている「経験」について、教えてください。

❹現在の進路を選ぶとき（学生ならいまの学校を選ぶとき、社会人なら就職のとき、あるいは家庭に入るときなど）、進路はどういうふうに考えて決めましたか？

❺そのスタートのとき（学生ならはじめて大学の門をくぐったとき、社会人なら初出社のとき、専業主婦なら家庭を持つとき）、あなたは、どんな夢や期待をもっていましたか？

❻過去から現在までをふりかえって、あなたが、一番いきいきとしているのはどんなときですか？

❼あなたが、いま、生きていくうえで、大切に想っていることを教えてください。

❽あなたのいいところを教えてください。

❾1年後の自分をイメージしてください。最低限、どんな知識、あるいは能力を身につけていたいですか？

❿10年後の自分、理想が実現できるとしたらどうなっていたいですか？

⓫死ぬまでに、これだけはやっておきたい、やらずに死ねないということは？

では、つぎに、「あなたのテーマ」についてお聞きしたいんですが。

例えば、「学校や仕事で、いま、こういうテーマに興味を持って取り組んでいる」とか。「個人的に、このテーマが切実で、考えずにはおられない」とか。あるいは、「ライフワークとしてずっとこういうテーマに関わってきた」とか。できるだけ、あなたという人間の真ん中にくるようなテーマがいいです。なければ、いま関心がある、どんな小さなテーマでもかまいません。あなたのテーマのことを、ここでは「マイ・テーマ」と呼ぶことにします。

⓬「マイ・テーマ」を教えてください。

⓭「マイ・テーマ」が出てきたきっかけ、動機などを教えてください。

⓮「マイ・テーマ」をめぐって、今の日本社会を見ると、どんなようすですか？　最近の出来事やニュース、社会の動きを教えていただけま

すか？

⑮「マイ・テーマ」をめぐって、海外に目を向けてみるとどうですか？世界はいま、どんな様子ですか？

⑯「マイ・テーマ」をめぐって、いまの世の中を見たとき、「何がいちばん問題だ」と思いますか？

⑰「マイ・テーマ」について、過去から現在までの「歴史」をたどってみるとどうでしょう。そのテーマは、過去から、どのような背景・経緯をたどって、現在の状況になっていますか？

⑱「マイ・テーマ」に関して、理想の未来をイメージしてみてください。5年後、10年後、理想が実現できるとしたら、どんな社会にしたいですか？

⑲その理想の実現に、あなたはどう関わっていきたいですか？

⑳いまから未来に向けて、あなたはどうしたいか？ 「これをやりたい」あるいは、「こう生きたい」というような、あなたの「意志」を教えてください。

これで、インタビューを終わります。ありがとうございました。

インタビューをしてくれた相手に
お礼のインタビューをしましょう！

インタビューをする人は、
メモはとらないでください。
相手の話は目で聞き、
心のメモに記録するよう心がけてください。

インタビューBを行うあなたの目標

まず、このページで目標を押さえてください。

(相手には言わないで。)

この人の居場所(フィールド)はどこか?
そこでの人との関わりを通して見えてくる、
この人の存在感を引き出すことを目指してください。

この人は、どこで、どんな人々と、どう関わって、
どのような存在感をもっているのか?

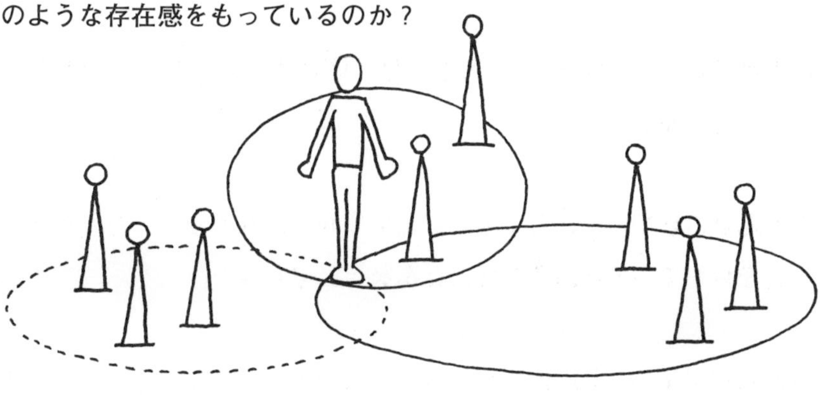

(今、居場所がない、人との関わりがないという人は、それは悪いことではないので、未来に向けて自分のフィールドを発見する手がかりとお考えください。)

目標がイメージできたら
インタビューを始めてください。

では、インタビューをはじめます。

❶いま、好きなことを3つあげてみてください。

❷最近のできごとで、あなたが「面白い！」と感じたことを教えてください。

❸いま、あなたの主な「生活・活動の場」を教えてください。たとえば、「職場」、「家庭」、「サークル」、「習い事」といくつかある人もいます。あるいは、「居場所がない」という人もいますが、ありのままでいいので、「あなたの居場所」をあげてみてください。

❹それぞれの「居場所」で、あなたは、関わる人からどんな影響を受けていますか？

❺どんなささやかなことでもいいんですが。あなたが、まわりの人に影響を与えていると思うのは、どんなことですか？

❻どこにいても、「あなたは、あなた」だと思いますが、「いちばん自分らしい」と思えるのは、どこで何をしている時間ですか？

❼「居場所」も、過去、現在、未来で変わっていきますが、「過去にあなたが居た場所」として、もっとも印象に残っているのは、どこですか？

❽あなたがそこで得たものは何ですか？

❾いままでで、「もっとも印象に残る出会い」について教えてください。

❿いま、あなたが影響を受けている人について教えてください。

⓫次に、「他人との関わり」についておうかがいします。家族やともだち、彼氏、彼女のような、あまり苦労しなくてもつきあえる人たちを、ここでは、都合上「身内（みうち）」と呼ぶとします。あなたは、「身内以外の他人」と関わることがありますか？

⓬上の質問であると答えた人⇒それは、だれで、どんな関わりですか？その人からどんなものを得ていますか？
ないと答えた人⇒身内の外の人と関わることについて、あなたがいま思っていることを、自由に言ってみてください。

ちょっと難しい質問をしますからよく聞いてください。
自分の仕事や活動を通じて働きかける人を、「他者」と呼ぶとします。

たとえば、学校の先生にとって、他者とは「生徒」。お医者さんにとっては「患者さん」。お店をやっている人にとっては「お客さん」。

編集者にとって、他者とは「読者」です。

仕事でなくても、老人ホームでボランティアをしている高校生にとって、他者とは「お年寄り」、路上でライブをやっている少年にとって、他者とは「リスナー」です。

このように、自分の活動を通じて、働きかけたり、影響しあったりしていく人のことを「他者」と呼ぶとしたら、

⓭あなたにとって「他者」と呼べる人はいますか？

⑭上の質問でいると答えた人⇒あなたにとって他者とはだれで、どんなかかわりをもっていますか？

いないと答えた人⇒どんな仕事や活動を通して他者とかかわっていきたいですか？　なにか計画はありますか？

⑮いまの社会、世界を見たときに、これからあなたが、かかわってみたいと思うのは、どこにいる、どんな人たちですか？

⑯将来、社会をよくできるとしたら、どう変えたいですか？

⑰いまの人間関係で不満があるとしたら、どんなことですか？

⑱将来、理想が実現するとしたら、どんな人間関係を築いていきたいですか？

⑲あなたの未来の生きる場所をイメージしてください。あなたは、未来にどんな、「自分のフィールド」を築いていたいですか？

⑳いまから未来に向けて、あなたはどうしたいか？「これをやりたい」あるいは、「こう生きたい」というような、あなたの「志」（こころざし）を教えてください。

これで、インタビューを終わります。ありがとうございました。

手順❺
お互い相手の発言を、
要約して伝え合いましょう。

インタビューが済んだら、お互いに相手の話をたくさん聞いて、心のメモに刻んでいると思います。それをぎゅ〜っと要約して、できるだけ短くして、相手に伝えてあげてください。ひとことで言えるなら、それにこしたことはありません。

相手の言ったことに関して感想を言うのではありません。あなたは、あくまでも相手が言った内容を「ぎゅ〜っと凝縮すると、要するにこういうことを言っていたと、私は理解しました」という立場で伝えてあげてください。

お疲れ様です。これで2人でやる作業は終わりです。

*1人でやった人は、この作業はカットしてください

手順❻
自分が話したことを
次のシートも使って、整理してみましょう。

就職のためとか、だれかに見せるためのものではないので、あくまで、いまの自分に正直に、自分について整理していきましょう。

自己紹介を考えるシート

自分の過去→現在→未来の主旋律は？

自分は、人や社会とどう関わってきたか、関わっていくか？

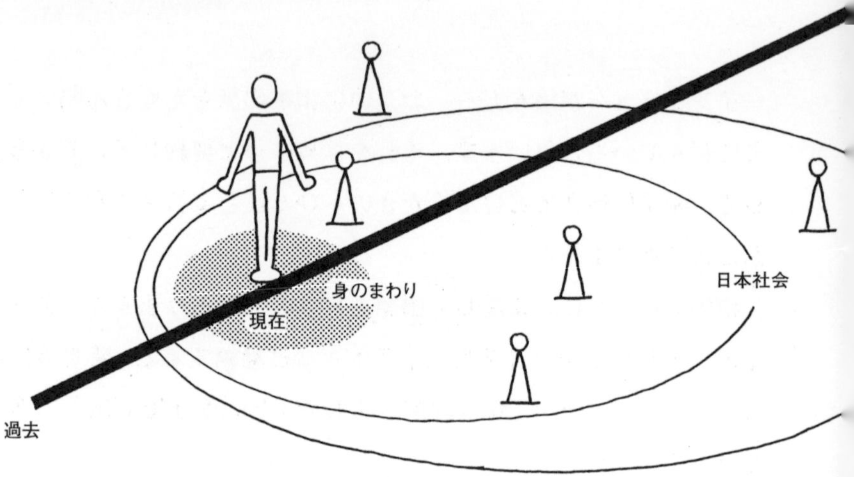

❶自分の過去

自分はいままでどうしてきたか？

❷自分の現在

いま自分は何を想い、

どうしているか？

自分の輪郭をどう描いていいかわからないとき手がかりになります。

未来

世界

❹自分の未来

いまから未来に向けて自分は
どうしたいか？

❸人や社会との関わり

自分はいまの人や社会をどう見ているか？
人や社会とどう関わっているか？

❺自分を語るうえで欠かせないもの

あと、自分を紹介するうえで、言っておきたいこと、

欠かせないものは何か？

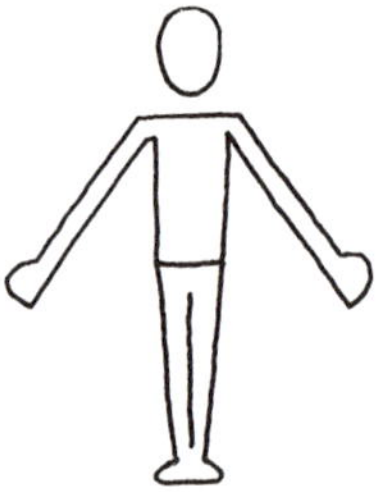

❻構成メモ

どのような流れで自己紹介をしていくか？ 3〜4段落ぐらいの文章の流れを作ってみましょう。過去→現在→未来でもいいし、重要なこと→小さなことでもいい。仕事→プライベート→趣味でもいいので、大まかな流れを出しましょう。

❼自己紹介を書く

だれにも見せない、自分のための自己紹介の文章を書いてみましょう。
自由に正直に。

❽カンタンな自己評価をしてみる

就職活動などで、他人に評価される前に、いま自分でやった自己紹介を踏まえて、自分という人間を自己評価しておきませんか? やり方はカンタンです。

モノサシを決める

自分は、人間を評価するモノサシ、少なくとも自分を評価するモノサシは何だと思うか?

▼

自己評価する

そのモノサシに照らして、いまの自分をどう評価するか?

▼

自分を生かす方針

自己評価を踏まえて、今後、自分のいいところをどう伸ばしていくか?

▼

こうしておけば、他人の評価でぺしゃんこになることはありません!

自分を社会に
デビューさせる
企画書をつくる

「やりたいことが見つからない」。これは、時代の悩みと言えるかもしれません。就職をひかえた若い人はもちろんですが、おとなになっても、この問いに怯《おび》える人は多いです。何ができるでしょうか？

ないものをアウトプットする

まだ自分がやったことがないものを、人に説明しなきゃいけないのは非常につらいことです。これは、私がインターネットに書いているコラムに寄せられた大学生のメールです。

私は今就職活動中の大学3年生です。

就職活動やめたい、と、私は今思っています。別にやりたいことがない訳ではありません。むしろ、「あります」。

でもそれにたいして段々自信がもてなくなって来ました。「どうして、やりたいの？」とか、「どうしてうちの会社？」とか、「うちの会社で何がやりたいの？」という質問に、詰まります。「志望している業界の中の会社だから」「御社が募集していた職種」という答えしか私は持ち合わせていません。

「明確な目標を持ったあなたを歓迎します」なんて謳い文句で募集されても、この人たちはその明確な目標の元にその仕事に就いたんだろうか？

元々持っている目標を、無理矢理具体化して提出しなければならない就職活動に、少し嫌気がさしてしまって。

やりたいことが見つからないと自己嫌悪に陥るのは確かによくないと思うのですが。

学生さんは、就職活動のときにやりたいことを聞かれます。でも、どんどんつきつめていくと、実は「ない」と感じる人も多いんじゃないでしょうか。

もちろん、「自分の病気を治してもらったから、医者になって患者さんの役に立ちたい」というように、若いうちから意志がはっきりした人もいます。

でも、多くの学生さんは、まだ働いたことがないから、そもそも勉強とは違う、仕事をするとはどういうことか、イメージさえできないという段階です。なのに、やりたいことを実感を込めて語らなければならず、さらに大勢の面接官に、つめよられ、選別される。

うまく説明できないのですが、たとえば、小学校に上がる前の、まだ一回も勉強したことのない子どもに、「なんで勉強したいの？」とたずねてみたらどう言うでしょうか？

「たのしそうだからベンキョウしてみたい！」なんて答えるかもしれません。そこへ、「そんなんじゃ志望理由にならない。ほんとに勉強したいの？ 何がいちばんやりたいの？ 国語？ 算数？」なんて聞いたらどう言うでしょう？

その子がノリで「サンスウ！」と言ったとして、「なぜ、算数なの？ なぜ国語でなくて算数なの？ 具体的にはどんな勉強をしたいの？」と、どんどんつきつめていったら、「わかんないよ、サンスウってなに？ コクゴってなに？ ベンキョウってやったことがないから、よく、わかんないよ」と音《ね》をあげるかもしれません。それに近いことが、就職の現場で起きているのではないでしょうか。

「ない」ものを「出せ」と言われる。正直な人ほど、そこで困る。「ではうそをつかなければいけないのか？」と、考えてしまうから、就職活動にいやけがさしてしまうのでしょう。

「ないものをアウトプットする」つらさ。
　でも、これ、就職活動の若者に限ったことでしょうか？

みんなないもので、人を動かしている

「ないものをアウトプットさせられる」って、これ、社会に出たら、日々、ついてまわることなんです。
　たとえば私も、企業にいたとき新商品の企画書を書いていました。世の中にまだない、新しいものを作ろうとすると、会議では、「こんな問題が起こったらどうするのか？」「で、具体的にお客さんにどうなってもらいたいの？」と、厳しい質問が、あびせられます。最初は固かった意志も、たたかれているうちに、「まだそんな細かいことまで考えてないよ」「それは、やってみなきゃだれにもわからないよ」と、だんだん弱気になっていくこともあります。
　映画の監督だって、まだだれも見たことがないものを、あるかのように伝え、役者やスタッフを動かしていきます。経験があるだろうといっても、常にまったく新しいことをやろうとする人は、そのたびに「ない」ものをアウトプットし続けなければなりません。
　考えれば、まだこの世に「ない」、だれも経験してないものについて、人に説明し、人を動かしていっている人は、たくさんいるのです。
　では、みんな「ない」ものを、どうやって「出し」、どうやって人に伝えているんでしょうか？
　みんな実際に「ないものを作ってみせた」わけではありません。
　実際に働いたこともないのに企業に採用される人は、面接官を3年先につれていって働いている現場を見せたわけではありません。映画監督が書き上げたばかりの脚本も、会議を一発で通った新商品の企画も、この段階

では、実物ではありません。まだ「文章」です。

そう、作ったのは、ないものに関する「文章」なのです。みんな「書いて」人を動かしている。

「ない」ものは、「作文」すればいい。

実際にやってみせることができない段階では、言葉が左右する部分は大きい。つまり作文力です。

ないものは「書いて」作れ！

私はこう思うのです。ないものは、書いて作ればいい。

やりたいことがないのなら、「作文」すればいいと。

うそをつけということではありません。どうか、ここを誤解しないでください。うそをつくのでも、捏造《ねつぞう》するのでもありません。「構築」するのです。

建物の設計図、新商品開発の企画書のように、ないものをイメージし、調べ、考え、「構築」していくことはできる。

私の初めての講演は、いきなり、ゴルバチョフさんとか、黒柳徹子さんが立った大舞台でした。何を話せばいいのか、どう話せばいいのか、こんな私でいいのか、自信はありませんでした。そのとき、まず講演の構成表を、A4で1枚だけ書きました。できたのは文章ですが、そこに「やること」が見えてきました。生まれて初めて大学の講義を持ったときも、まず1枚の「シラバス」を書くことから始めました。

そうやって、書いて、書いて、道をつけてきました。

やりたいことが、明確にあって書き始めたこともありますし、
やりたいことがいっこうに見えず、会社に迫られ、期限に迫られ、書いているうちに見えてきたこともあります。

「やりたいことがない」「これが本当にやりたいことか自信がない」という人は、いったん次元を落として、いま求められているのは「作文」だと、想定してみてはどうでしょうか？

たとえば、就職の面接で、求められているのは、自分の「生きる意味」というような大それたものではない。「やりたいこと」の現物を提示することでもない。求められているのは、働く自分に関する「仮説」と、それを説明する文章なのだと考えてみる。

自分を社会に送り出すための「企画」を立てるとか、就職に向けて自分自身が動くための「作業仮説」を作ると考えてもいいです。

それも、800字くらいの短い作文でいい。期限を決めて書く。

「これだけは大事にしたい」とか、「これだけはやりたくない」とか、自分が書きやすい方法で自由に書いていいのです。

迷ったときは、4つの要素で書け

何から書いていいか、どう書いていいかわからない人は、次のような4段構成からスタートしてみるのもいいです。前の節でやった「自分の主旋律」と「人や社会とのつながり」を生かした構成になっています。

応用の利く構成

就きたい仕事、または、行きたい会社などを仮説として決めてください。それについて書いていきます。

❶私は仕事をめぐるいまの社会をこう見ています。**現代社会認識**

↓

❷この会社と仕事をこう理解しています。**相手理解**

↓

❸いままで生きてきた私は、このような経験・想い・長所を持っています。**自己理解**

↓

❹以上の3つから考えて、私はこの仕事に就いて、将来このように人や社会に貢献していきたいと考えます。**意志**

要素が4つ、各200字くらいでいいので、ざっくりまとめて800字くらいに納めてみてください。

そうした、たった800字の文章でも、動き出す「仮説」にはなりますし、迷ったとき戻れるベースにもなります。仮説だから、あとは、実際に動いて、人と関わって、現実と自分の想いに照らしながら、修正していけばいいのです。

不具合があっても、一気に「やりたいこと」の問題にはせず、社会に対する認識不足か、その企業や仕事への情報不足か、自己理解不足か、この3つをつなぐ論の組み立てがおかしいのか、と考えながら、文章を、1ミリでも2ミリでも、納得に近づけていきましょう。

以上言ったことを、立体的に考えられるように、下じきを用意しておきましょう。

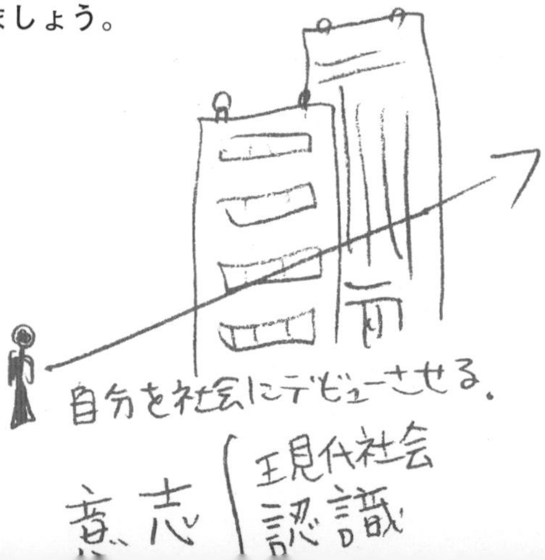

自分を社会にデビューさせる
企画書をつくるシート

❶現代社会認識　私は、いまの社会や人間をどう観ているか？

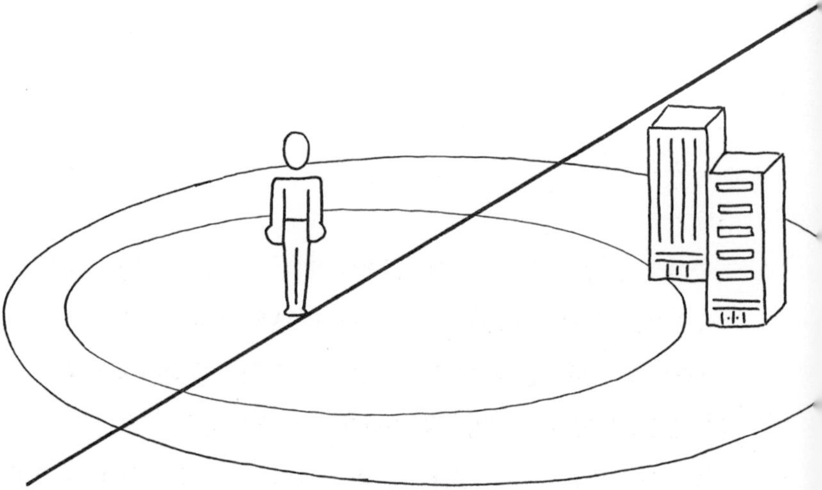

❸自己理解　いままで生きてきた私は、社会に活かしたい、
どんな長所を持っているか？

仮説づくりと考えて楽しくやってみませんか？

❷相手理解　私は、今回やりたいことの候補としてあげた仕事を、
どのような仕事だと理解しているか？

1と2と3の関係を、私なりによく考え
構築した結果、現時点での仮説として、

❹意志　私は、その仕事に就いて、どのように人や社会に
貢献していきたいか？

ポイント

❶**現代社会認識**　いまの社会を自分はどう見ているかは、実際自分をデビューさせるために動き出してみると、かなり重要だとわかります。「いまの社会の問題点はここだ」、あるいは「理想の社会はこうだ」というビジョンから、まとめてみましょう。興味のある新聞記事を切り抜いて集めたり、本を読むとよりよい企画につながります。

❷**相手理解**　会社と仕事への理解は、知識や情報が多いほどよい。その会社や仕事に関する情報が少ないと、共感も生まれようがないので、その会社について「よく調べ」「よく知り」「よく理解」したうえで、「その会社や仕事は、人や社会にどう貢献しているか？」「どこに共感するか？」を、自分の言葉にしてみましょう。

❸**自己理解**　前の節で「自己紹介」をまとめた人はそれをもとに、自分の過去、現在、未来を思ってみて、自分のいいところ（仕事をしていくにあたって）を洗い出し、根拠となる体験とともに、自分の言葉でまとめておきましょう。

❹**意志**　以上の3つを並べ、3つのつながりや脈絡をじっくり考えて、その会社に入ったとしたらやりたいこと（やるべきこと・やれそうなこと）を導き出してみましょう。これが「仮説」作りです。いま自分で考えられるかぎりの結論を打ち出してみましょう。

文章の構成力は、現実の「構想力」に通じます。

未来があまりに重いとき、未来に関する1枚の文章を足がかりにしてはどうでしょうか？

自分の「悩み」を
はっきりさせる

いま、なにかの「悩み」を抱えている、あなたにおうかがいします。その「悩み」、どうしたいですか？

1日でも早く解消したい、という人が多いように思います。それも、「まちがいのない答え」を、できれば「ラクに」手に入れて。

でも、悩みは可能性。ちょっともったいないと思います。

はやく解消しようとする迷走

悩んでいる人の中に、ちょっと依存気味だな、と感じる人がいます。占いを何軒もハシゴしたり、信頼する人からいつも、いつも、答えを聞き出そうとしたり。

そういう人は、昨日、落ち込んでいたかと思うと、今日はもう、顔を輝かせて言います。「私、このところずっと悩んでいたの。それで、○○先生に相談したら、『あんた自尊心が強いわね』って言われて。あ～！ 原因はそこだったんだって。その日から私は変わったの。自尊心をかなぐり捨てるように努力したの。そしたら、なんとさっそくプレゼンが通って……！」

でも、そういう人は、しばらくするとまた、同じ次元で悩んでいるように思います。

悩み→まちがいのない人から原因と解決策をもらう→そのとおりに自分を変えて→早くスッキリ解消。これが、長くもたないばかりか、ときに、迷走の原因になってしまうのはなぜでしょうか？

悩みは複合している

悩みは複合している。

悩んでいる今の状況は、どこか自分に似ている。

と私は思います。現在の状況には、偶然に見えるものも含めて、どこかに自分の選択や、意志や、くせが混じっています。ですから、自分の置かれた状況は、もしショボくても、どっか自分に似ている。

自分がそれまでやってきた選択が表面的だったり、自分がまわりを理解する力が足りなかったりすると、うまくしたもので、自分への「悩み」となって跳ね返って知らせてくれる。悩みは、自分が成長しなくてはいけないことを、ちゃんと教えてくれる、なかなか便利なシステムだな、と思います。

私は38歳で出版社を辞め、フリーランスとして再び社会に立ち上がるまで、悩んで、悩んで、悩みたおしました。会社を辞めるか辞めないかでも非常に悩みましたが、そんな悩みがふっ飛ぶくらい、その後、個人で社会とつながるまでが、長く、重い、悩みの日々でした。

ときに、へこへこにへこんで、自分でも、いったい何やってんのかわからなくなるときがありました。

そんなとき、「いま苦しいのは、自分が選択を間違えたからだろうか？間違ったとしたらいったい何を間違えたのだろう？」と考えました。しかし、何度考えても、会社を辞めるという選択までは間違ってなかった。では、なぜ、こんなに苦しいのか？　どうすれば、この息詰まるような日々から脱出できるのか？

不安と孤独がぴったり寄り添った日々の中、私も一刻も早く脱出しようと焦りました。「自分のどこかに悪いところがあるのでは」と思い、それを早く見つけて、早く直して脱出を図ろうとしました。そのために人の助言に頼ろう、としました。

たとえば、クライアントから「笑顔がもっとほしい」なんて言われるとします。ふだんなら参考として聞いておくのですが、自分が弱ったり、焦ったりしていると、「自分は印象が暗いところがいけないんだな、明るくしなきゃ」と、性急に自分を変えようとします。

たしかに、スマイルで現場は明るくなる。一見よくなったように思えますが、そんな表面的なことで、根本的な問題が解決するはずもありません。それどころか、これは、私の場合ですが、笑いたくもないのに無理して笑おうとすることが、かえって苦痛になって、消耗してしまいました。

考えれば、人生最大の危機に立たされていた時期、笑えないには笑えない理由、環境、生活がある。むしろ、手をつけ、変えなければいけないのはそこです。

そんなふうに部分的、表面的に、性急に自分を変えて、悩みを解消しようとすることは、根本的な問題を見失わせてしまうばかりか、かえって消耗し、迷走してしまうことにもなりかねないのです。

考えたら、悩みは、私に、企業にいたとき見えなくて、成長段階ですっ飛ばしてきたことに、気づかせてくれるものでした。独立直後は、フリーランスとして生きていくための、経験・生活・技術・習慣性がなかったわけですから、「悩む」のは、あたりまえ。いま悩まないで、いつ悩むんだという気さえしました。

部分、部分で自分を変えたって、生き方の構造は変わらない。

私に必要だったのは、悩みを解消することではなく、それまでの会社員をしていた自分とは違う、フリーランスとしての生活を、新しくつくりあげていくことでした。

何しろ、新しい生活習慣をつくっていくとか、自分の器そのものを広げていこうとするとき、たっぷりと時間がかかります。

だから、新しい自分が育つまで、悩んでいたって自然なんだ、と思い、私は、性急な悩み解消に走るのをやめました。

だからと言って、ただ悩みを放置していたわけではないんです。

悩みの出口に向かうとはどういうことか？

いま、私は、こうして社会に出て食べていっているわけですから、人生最大の悩みの時期への対処法は、大きく間違ってはいなかったようです。ここでは、その、「悩み」への向かい方を、下じきとして提供したいと思います。ここでも、下じきをたたいて、踏んで、あなたのやりよいようにしてください。

ここでは、「悩みの現状把握→ビジョンを描く→道を考える」という下じきを提供します。

これには、違和感を持つ人も多いと思います。多くの人が「悩みの現状把握→悩みの原因を探す→自分の欠点など悩みの原因を発見→自分を変えるなどして原因を除去」ということで、悩みを解決しようとするからです。

悩んでいるから、自分が悪い、だからその欠点を探し、自分を変え、悩みから脱却を図ろう。これは正しいと思うのです。これができる人も偉いなあと思います。私もやろうとしたのですが、どうもしっくりいきませんでした。

「自分のどこが悪いか」から入る落とし穴

たとえば、「書くこと」に悩んだとき、複数の文章にくわしい人に私が書いたものを見ていただいて、自分の欠点を言っていただくことを試みました。また、インターネットのコラムでは、編集者さんに、「マイナスな反響も私に送って」とお願いし、読者からの批判に真っ正直に向き合いました。3年間、自分なりに真っ正直にそれをやり、なんの意味もなかったことに気づきました。これを読んで、傲慢と思う人もいると思います。しかし、事実だからしかたがないのです。わたしも拍子抜けしたのです。

まず批判ありき、まず欠点探しのダメ出しは、私を育てませんでした。これは、読者の批判が間違っていたとか、私に頼まれて厚意で欠点を指摘してくださった人の指摘がまずかったということでは決してありません。

そうではなく、人の批判や指摘に頼って、自分の欠点を発見し、そこから悩みの脱却を図ろうという私の期待が、なにか、決定的に間違っていたと感じとったのです。

ところがあるとき、とても腑に落ちた赤入れがありました。本を1冊書き上げたときの編集者さんからの赤入れでした。原稿が直され、わたしの欠点が指摘されているというのに、わたしは、非常に開眼がありました。

同じダメ出しなのに、なぜ、一方は私を育てず、もう一方は、私を育てたのでしょうか？

その編集者さんには、一冊の完全なビジョンがあったからです。
一冊をどうしたいか？　「それを山田さんに押し付ける気持ちはまったくないが、編集者として、私なら、この一冊をこう編み上げたい」という編集者さんには、本の最終形が完璧に頭の中にありました。そのビジョンのもとに、「どこは要らない、どこを直す」と一貫した赤を入れてくださったのです。その上で、それを、サンドバックだと私に差し出してくれました。「どうとでもこれをたたき、踏み越えて行ってください」と。

そのとき私は気づきました。何が長所か、何が欠点かは、何を目指すかによって違ってくるんだと。

まず欠点探し、欠点克服のやり方だと、ビジョンがないまま「人」や「自分」を裁くことになる。それが問題なのだと。

必要なのは、明確なビジョン。今から未来に向け自分はどうしたいか？どうなりたいか？　つまり「意志」、だと。

行きたいところが、はっきりしている人間は、そこから見て、自分にダメ出しをすることもできる。でも、未来にどうしたいというビジョンのない人が、自分の欠点を変えようとすると、目に付いた自分のアラをやみくもに矯正することにもなりかねない。それは的をはずすどころか、逆にいいものまでつぶしてしまうことになる。

迷っているときは、自分を責めたり、自分の間違いを指摘したり、自分をむやみに変えようとする前に、まず、どうなりたいか、未来のビジョンを描くことが必要だと思いました。

私も、不安に足元からさらわれそうな日々の中で、「もう一度、目指す教育の仕事をするんだ」という意志が、最終的に自分を助け、再び社会にエントリーすることに導いたと思います。

悩みの出口に向かう基準

ひととおり、自分のいまの悩みを書くなどして洗い出したら、私は、次のステップとして、「では、どうなりたいか?」を考えます。「ビジョン」ですね。悩んでいるときは、これも見えなくなりますが、そんなときは休んで、また調子のいいときに、未来を描きます。

すると、現状とビジョンの間にギャップがあることに気づきます。「この間をどう埋め、どうやってビジョンに歩みを進めるか?」というのが「道」を探すというステップだと思います。そこで、道を丁寧に考えたり、計画したりするよりも、まず「動く」という手段をとることもできます。「動き出す」という問題解決ですね。実際に動きながら、トライアンドエラーを重ねていく。

自分のビジョンに近づけた時点で、気がついたら、自分の悩みも解消され、自分の欠点も直っている、というのが、いちばん美しい理想ですが。ビジョンを達成しても、自分の欠点はそのままだった、というならそれはそれでよいではないか、と思うのです。欠点があっても、ビジョンに向かって歩みを進めてこれたのだから。

実際に動き出せば、また、新たな悩みにぶつかります。そうやって、動きつづけるかぎり、悩みがつきないとすれば、では、悩みについて考えるということは意味がないのでしょうか？　そもそも、悩みが出口に向かうってどういうことでしょうか？

小論文では、「問いのレベルがあがる」といいます。

たとえば、「国際問題について生徒に書かせるとして、小論文がうまくなるってどういうこと？」と聞かれることがあります。これが、「正解を出せたかどうか？」に焦点をあてるとなかなか難しいのです。複雑な国際問題に正解を出すなんて、専門家の間でも論議が分かれるところです。そもそも、高校生に、わずか600字ほどの文章の中で、国際問題への正しい解決策を書かせようなどと、出題者も期待していないのです。

では、国際問題について、小論文がうまくなっているかどうか、どこに目をつけたらいいのか？　その重要なひとつが「問い」です。最初は、「国際問題ってなんだろう？」というような、入り口で悩んでいた子が、しだいに「日本は国際社会でどのような役割を果たしたらよいか？」というようにレベルアップしていきます。

私も、身近な人は、いつも仕事で悩んでいるように思うかもしれませんが、5年前は、「会社を辞めるかどうか？」つまり動き出すかどうかで悩むところからはじまり、動き出したら「どうやって社会にエントリーしたらいいか？」、エントリーできたら、「よりいいものをつくるためにはどうしたらいいか？」というように、次々と問いは進み、後戻りは、なんとかしていないようです。

自分は何について悩んでいるのか、現状を、問いのカタチで把握して、「問い」のレベルが上がっていれば、悩んでいてもOKなのではないでしょうか。

あまり悩みはなくても、また同じ問いで、同じレベルで悩みつづけるとしたら、それは、動き出すことが必要かもしれません。

とにかく、ビジョンに向けて、一歩でも二歩でも近づいていれば、悩みの出口に向かっているといっていいのではないでしょうか？

悩みを解消することよりも、自分の欠点を直すよりも何よりも、あなたが譲れないもの、したいことは、何でしょうか？

「考えるシート」で、それを引き出してみてください。

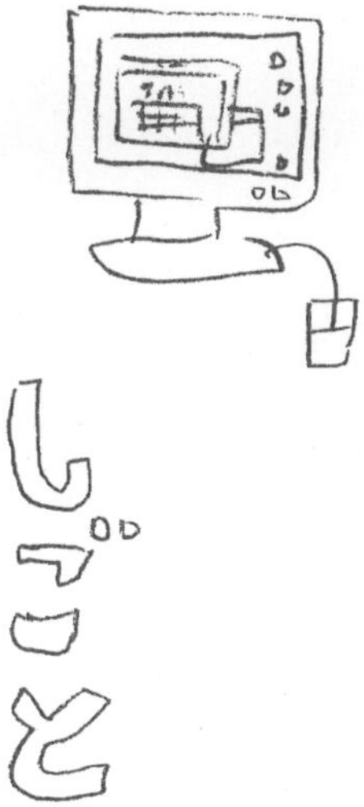

自分の「悩み」を
はっきりさせるシート

❶自分の悩みのマップを作る

いまの自分の悩みは何か？　それらはどんな関係にあるか？　何を目指すのか？

いまの私の悩み

悩み

悩みにつまずかないで、
ビジョンを目指してみませんか？

1 いまの自分の悩みを、気の済むまで書き出しましょう。

2 書き出したものの中から、すぐに解決できそうなものや、あまり重要でないものを消していきましょう。

3 残ったもので、グループに分けられそうなものをまとめていきましょう。

4 悩みについて、いまの自分の気持ち、苦しさなどをありのままに書いてみましょう。

5 自分のいまのいちばん重要な悩みを、「問い」のカタチにはっきりさせておきましょう。

❷ビジョンを描く

自分は近い未来、あるいは最終的にどうなりたいのか？

未来に向けてどうなりたい

ビジョン

1 先ほど、書き出した悩みについて、未来にはどうなっていればいいか、という視点でビジョンを書き出してもいいし、または、先ほどの悩みにとらわれず、自分は未来に向けてどうしたい、これをやらずにはいられない、という自分のビジョンを書き出してもいいです。

2 未来は、明日のような近い未来でも、1年後、3年後、5年後、10年後のような未来でも、自由に設定して書いてください。

❸「道」を考える

現状から、目指すビジョンに近づくためには、どうしたらいいか？

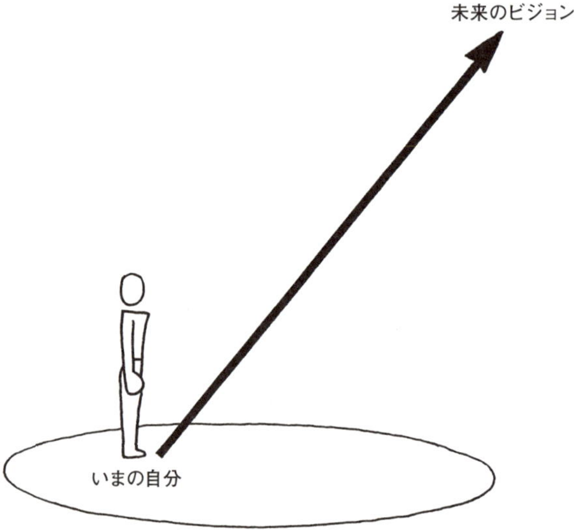

道

1 現状が面白くないのなら、では、「どうすれば面白くなるのか？」というように、現在の悩んでいる状態から、未来のビジョンに少しでも近づくアイデアを考えます。

2 抽象的な書き方でもいいですし、具体的にどう動くか、動き出す手立てを書いてもいいです。

3 できることを思いつくだけ書き上げて、あとから、実現性のあるものを選ぶというのでもいいです。少し乱暴ですが、書き上げたものを、とりあえず、片っ端から試し、だめだったものをあとから消していくというやり方でもいいです。

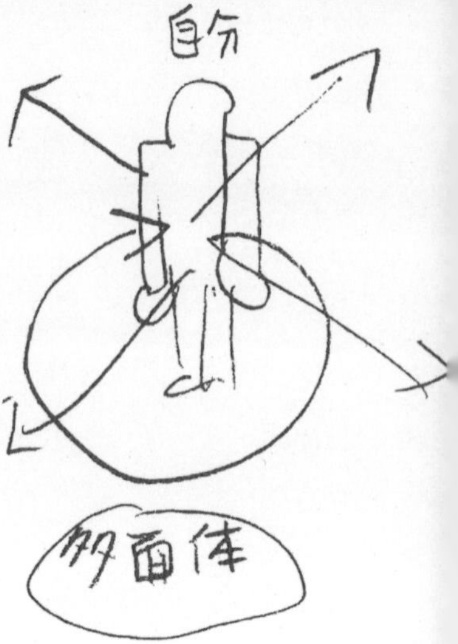
自分
多面体

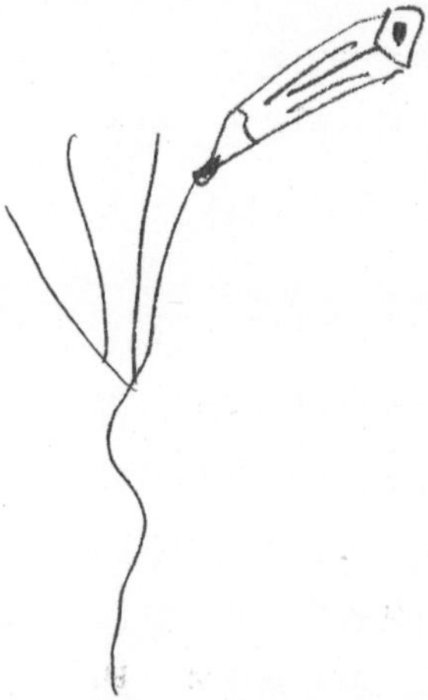

やじろべえ

インタビューの目的

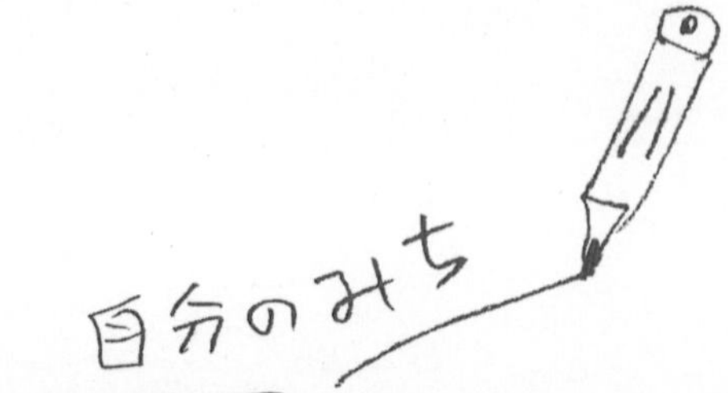
自分のみち

ステージ C

他者・外・社会とつながる

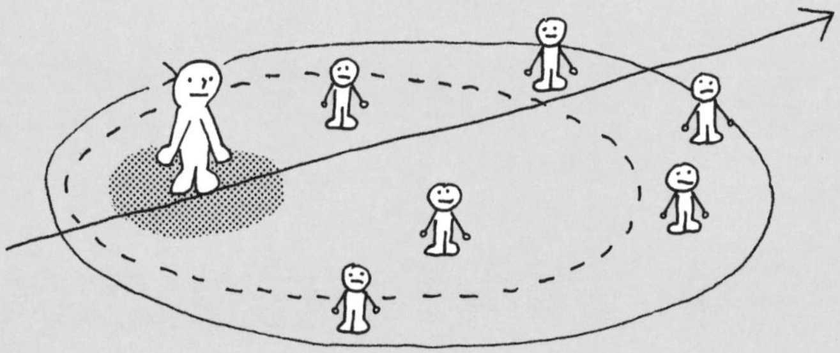

社会とつながるコミュニケーションは、
ゴールを明快に！

マークのところでは、理想は高く、
どんどん書いていってください。

8

志望理由書を書く

前の章で、「自己紹介」「自分を社会にデビューさせる企画書」を押さえました。自分の内が整理できたら、いよいよ、それを外に伝える「志望理由書」の形にしてみましょう。

動機は意欲を証明する

「志望理由書」「自己推薦状」「エントリーシート」、呼び名はさまざまですが、必ず求められるのが、「志望動機」と「自己PR」です。

就職にしても、大学入試にしても、なぜ「志望動機」が求められるのでしょうか？　それは、「意欲」のある人材が欲しいからです。「動機」がしっかりした人は、職場なり、大学なりに来て、実際に意欲的に取り組むということを、選抜担当者は、追跡調査などをして知って、自信を持っています。

ですから、まず「動機」がしっかりした人を選んで採りたいのですね。「志望動機」、つまり、「なぜそれをやりたいのか？」。

これを聞かれつづけているうちに、「本当にやりたいのか？」と不安になったり、「そもそも自分には、やりたいことがない」と落ち込んでしまう人がいます。

でも、「やりたいこと」って、みんなよく言うけど、どういう次元で言っていますか？

目指すジャンル？　就きたい職業名？　行きたい会社名？

「やりたいこと」をどうとらえるかで、志望動機の見せ方も変わってくるんです。

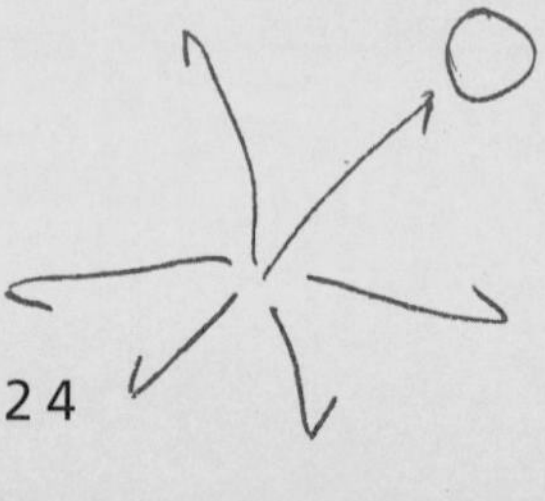

やりたいこと＝就きたい職業名、か？

「やりたいこと」がはっきりしていれば、即、いい「志望理由書」が書けるかというと、そうでもありません。

私の姪が大学受験のとき、志望理由書を書いていました。

姪には、早くから、ちゃんと「就きたい職業」がありました。社会福祉士です。意志は非常にかたいものでした。

だから、サクサク志望理由書が書けるか？　というと、案外そうでもなかったのです。

「就きたい職業名」は、はっきりしている。

でも、それだけでは、弱い。

単純に言ってしまうと、「社会福祉士になりたい、だから、大学へ行きたい」という文章になってしまいます。「で、大学に行って、何を学ぶの？」と突っ込まれてしまう。就職活動のとき、「編集者になりたい、出版社に入りたい」というのと同じです。「会社に入って何をやりたいの？」「編集者になりたいだけだったら、よその出版社でも、どこでもいいんじゃないの？」ということになります。

「テーマ」がいる、のです。

職業名×テーマ

その職業に就いて、主にどんなテーマに取り組んでいきたいのか？

ちなみに、私自身、出版社で編集者をしていましたが、扱っていたテーマは「教育」でした。編集者として、「人の持っている力を生かし、伸ばす教育」をやっていたわけです。

職業名×テーマ＝編集者×教育

ということになります。あなたが仕事で、あるいは学問で、取り組んでいきたい「テーマ」は何ですか？

姪には、ちゃんと「マイ・テーマ」がありました。「地域と福祉」です。姪は、比較的小規模の地域という単位で福祉の問題解決を図っていきたいということでした。つまり、

職業名×テーマ＝社会福祉士×地域と福祉

姪の志望理由書も、「職業名」×「テーマ」の両面から動機を語ることで、ぐっと強くなりました。かいつまんで言うと、

「中学のときのこれこれの体験をきっかけに、このように考えて、社会福祉士を目指すようになった。

それから社会福祉士を目指すため、老人ホームの訪問や勉強をするうちに、地域と福祉というテーマに強い関心を持つようになった。

だから、大学では、地域福祉論を学び、将来は、社会福祉士として、地域福祉に貢献していきたい」

そんな感じで書けています。理路整然としていていいのだけれど、何かが足りない。志望理由書のゴールは、入試なら「合格」、入社試験なら「採用」です。大勢の中からぜひとも、「他ならぬあなたにうちに来てほしい」と「選ばれる」ものでなければいけません。

「職業名」×「テーマ」×「　？　」

このもうひとつの要素は何？

私自身、この問いにぶつかったことがあります。33歳、編集者になって10年過ぎたころでした。仕事人生の陣痛という感じで、非常にせっぱ詰まっていて、ここで編集者として突き抜けなかったら、自分は一生負け犬になる、そんな気持ちがしていたのです。

それまで、「職業名」×「テーマ」＝「編集者」×「教育」で10年仕事をやってきていました。仕事は面白く、常に全力投球でした。でも、どっかで、「自分の本当の居場所は、ここではない、どこかよそにあるのでは？」という気持ちがよぎるのです。

特に、自分でいいと思ったことが、思うようにまわりに評価されないようなときに。

私に本当にふさわしいのは、「編集者」×「ファッション」かもしれないとか、「テレビのディレクター」×「教育」かもしれない、とか。

しかし、33歳の秋、長い仕事の陣痛の果てに、自分の中のマグマを仕事でひとつの形にすることができました。それが、一発で、まわりの人に通じたときに、ものすごい感動がありました。自分の居場所はここ以外にないことに、初めて確信を持てたのです。

そのときの「マグマ」がなんだったかというと、自分が実現したい教育の「世界観」ではなかったかと思います。

「職業名」×「テーマ」＝「社会福祉士」×「地域と福祉」の姪には、

「なんで地域と福祉なの？　たとえば、一人のおばあさんがいるとして、地域から、この人の福祉を考えていくってどうすること？　将来、社会福祉士になれたとして自分のいる地域をどう変えたいの？」

と、質問を浴びせかけながら、姪が実現したい福祉の「世界観」を具体化してもらいました。

その作業を通して、中学・高校と、老人ホームの訪問を続けてきた姪の経験の湖から、浮上してきた言葉は、お年寄りから、必ずといっていいほど聞くというこの言葉、

「家へ帰りたい」

でした。家へ帰ると言って飛び出してしまうおばあさんまでいるそうです。そこからどっと彼女の想いが出てきました。老人ホームのような、いわゆる箱モノを充実させて、そこに次々と老人を隔離していくようなやり方は、彼女が実現したい世界観とはまったく違うと。

そこから彼女は、社会福祉士を目指したきっかけは、「人にはそれぞれ歩いてきた道のりがある」と知った衝撃からだった、ということを言葉にしました。

そして、人が老いていくときには、住み慣れた地域の風景と、見慣れた人の顔が絶対に必要だと言いました。

人が住み慣れた家で、見慣れた風景と、おなじみの人の顔につつまれて人生をまっとうできるようにするために、地域はどうあったらいいか、福祉はどうあったらいいか、自分にはどんな知識が必要か、と考えるところから、大学でのプランが生まれ、将来のビジョンが文章になっていきました。

そのようにして、何度もの添削の果て、姪からあがってきた志望理由書を読んで、私はちょっと泣きそうになってしまいました。

そこには、「なりたい職業名」×「マイ・テーマ」×「実現したい世界観」が、18歳ながら、しっかりと人に伝わるように書けていたからです。

その瞬間、「受験」も「就職」も、手段にすぎないと思えました。

いちばん大事なものがはっきりすると、それ以外は手段になる。

いくら大学にストレートで入れ、社会福祉士になれ、地域の福祉に携わ

れたって、次々と地域の老人ホームを充実させることに加担させられ、そこにお年寄りを送り込むことに加担させられるのなら、彼女の夢は死んでしまうのです。

しかし、たとえ、望む進学、望む職業に就けなくとも、別の職業、別のやり方でも、お年寄りが、住み慣れた家、風景、おなじみの人の顔につつまれて過ごせる地域と福祉に貢献できるのなら、彼女には、内なる満足があります。

自分の中に育った「世界観」の実現に向けて、時間がかかっても、一歩一歩、歩を進めているとき、人は、やりたいことがやれている充実感がある。

彼女は自分の思う、福祉の世界観を実現する方向に歩を進めるだろう、と思いました。どんなに遠回りをしても、どんな立場からでも。彼女は、いま、第1志望の大学に通っています。

やりたいこととは、その人が**達成したい世界観**、それがつまりは、その人の「意志」なのだと思います。そして人は、**意志＝WILL**に共鳴する生きものなのだと思います。意志が明確なものは選ばれるのです。あなたもあなたの現時点でのWILLが表れた志望理由を書いてみましょう。そのための下じきです！

志望理由書が書けるシート

仕事をめぐる現代社会認識

私は、仕事をめぐるいまの人や社会をどう見ているか？

この仕事を目指すようになったきっかけ

どのような経験から、どのように考えて、何の職業を目指すようになったのか？（経験から「どう考えたか」の部分をしっかり説明すること）

扱いたいテーマ

その職業に就いて、扱いたいテーマは？　なぜそのテーマか？

目指す、職業×テーマ×世界観をどうどうとカタチにしてみよう！

相手理解

なぜ、他ではないこの会社を選んだのか？（会社をよく調べ、
理解した上で、自分の志望とのつながりから、共感する点を伝える）

自己PR

この仕事をやっていくのにふさわしい自分の長所は？
（長所を3つ前後に絞り、根拠となる事実を添えて）

達成したい世界観

仕事を通じて人や社会にどう貢献していきたいか？
どんな価値を提供していきたいか？

▼

6つの順序は変わってOK！　WILLの表れた志望理由書になります！

記入例です。

仕事をめぐる現代社会認識

私は物心がつきはじめた頃、フランス革命その他の歴史上の激動に比べれば、いまの日本は変化もなくなんとつまらないのかと思っていた。だが、

この仕事を目指すようになったきっかけ

小6のとき、父が持ち帰る週刊誌を隠れ読むようになり、社会・政治・文化・風俗を〈事実〉のウラから分析していく仕事があるのだと感激した。新聞記者を目指していた時もあったのだが、人間の上半身の部分だけを生真面目に追いかけていくよりも、ホンネの部分を好奇の一心で謎解く週刊誌の方が自分には向いていると思い、「週刊誌編集」を志望した。

扱いたいテーマ

私は、もともと文章を読んだり書いたりするのが好きな上、社会の様々な側面に「上半身から下半身まで」興味を持つ性分である。社会・政治・文化・風俗を全方位から追究してレポートしていきたい。特に一般的には権威と思われている人間・組織の虚実を明らかにしていく記事を担当したい。

実際に複数の大手出版社から内定をもらい、
この夢をかなえた人の本物の志望理由書から記入しました。

相手理解

貴社の週刊誌「〇〇」について、地道な取材力をもとにしたスクープ、とりわけ大新聞叩きは「読ませる」スクープであり、王者の風格すら漂わせている。一方で「〇〇全集」を大部で出版するような幅の広さで、貴社を志望した。活字によって人に感銘や納得を与えられる点が最大の理由だ。

自己PR

人と話すのが好きで異世代の人間であっても仲良くなれる（高校生対象の塾で40人中1、2位の人気講師、酒場の議論で得た異世代の友人60人以上）。好奇心は人一倍（関心あるテーマが見つかるごとに自主勉強会、ドゥールズなどの現代思想から数理経済学まで乱読、音に惹かれこなした楽器多数、聞いたジャズレコード1000枚、研究者を招いて主催した連歌会）。目の前の目標は何とか突破する。

達成したい世界観

私は、表では権威ある人が、ふと人間らしい表情を見せる瞬間がなんとも好きだ。人の上半身と下半身、昼の顔と夜の顔――タテマエとホンネというほどには割り切れない2つの蝶番を見つめることを、地道に追い求めていった結果が、世の中を動かす大スクープにもつながると考える。権威を疑い、「事実」を真に受けず、自分のスタンスで本質を追いつづけ、特集を通じて現実を自由に動き回りたい。

記入例の人は夢をかなえ、いま週刊誌の編集者として働いています。編集者になることが目的になってしまう人も多い中、週刊誌の編集者になってどうしたいかが、よく伝わってくる志望理由書です。

とくに、「表では権威ある人が、ふと人間らしい表情を見せる瞬間がなんとも好きだ」という言葉には、借りものではない、この人の興味が伝わってきます。これは学生時代、毎晩のように酒場に足を運んで異世代と議論し、60人以上の友人をつくったという体験から繰り出される本物の言葉だと思いました。「人の上半身から下半身まで」という自分の興味に忠実になることが、志望動機に説得力を生み、編集者になってどうしたいか、という世界観を生んでいます。

「職業名×テーマ×世界観」のうち、私は就職活動のとき、職業名だけ、つまり「編集者になる！」という思い込みだけがありました。正式な採用までに3年かかったのも、もっともです。

それが、教育系の企業に入ることで「テーマ=教育」を与えられ、10年するうちに「実現したい教育の世界観」が自分の中に育っていきました。それは、ひとことで言って、「考える面白さ」です。人が自分の頭を動かしてものを考えるのは、スポーツのように面白い。その面白さを伝え、自分の頭で考える人が、一人でも、二人でも増えていくなら、世の中はもっと自由で面白い。これが私の達成したいWILLです。これがマグマのようにつきあげていたから、33歳のとき、形にして、仕事につなげて、人に通じさせるまで、産みの苦しみを味わったんだと思います。

いまは志望理由書を書く必要のない人も、ときどき、このシートで、自分の中にあるマグマの正体を見、WILLを描いてみてはいかがでしょうか。

9

レポートを書く

レポートって何？

「いまさら人に聞けないけど、レポートって何？」と思っている方、ここでスッキリしますからね、安心してください。

いまどき、学生さんも、社会人も、町内会などでも、ちょっとしたレポートを書くことはあります。

ここでは、わかりやすくするために、小論文との比較でお話しします。「レポートと小論文、どっちも書かされたけど、そう言えば違いなんて、習ってなかったなあ」なんて人も多いはず。

ゴールを考えるとわかりやすいんです。

ゴールで明快、社会とつながるコミュニケーション

「小論文って何？」と小学生に聞かれたら、どう説明しますか？　答えを、ぎゅっと縮めて5文字で言ってみてください。

小論文とは「**意見と論拠**」の文章です。

「自分がいちばん言いたいこと（**＝意見**）をはっきりさせ、なぜそう言えるか（**＝論拠**）を筋道立てて説明し、読み手を説得する文章」です。

小論文のゴールは？

そう、「**説得**」です。

読み手が「なるほど！」と言ったら、そこがゴールなんです。

では、レポートのゴールは？

もうわかりましたね。

そう、「**報告**」です。

これも5文字で言うとすると、レポートとは「**事実と考察**」の文章です。

とにかくレポートの定義はさまざまなんです。事実だけのものもレポートと呼びますし、自分の意見まで加えたものも広くレポートと呼びます。細かいことは、学生さんなら指導教官に、社会人なら、その会社の流儀にあわせるとして。とにかく基本は、「事実と考察」と覚えておきましょう。あとは、これに足したり引いたりすればいいだけですからね。

レポートとは、「自分が調べて得た事実（**＝事実**）と、事実から言えること（**＝考察**）を、読み手に報告する文章」です。

レポートの主役

小論文の主役は、あなたの「**意見**」です。「自由とは何か？」「女性はどう生きるべきか？」など、答えがない問題に、自由に、あなた独自の答えを出していいんです。ただひとつ、読み手を「**説得**」することさえできれば。

一方、レポートは、説得まではする必要がないんです。だって、「報告」すればいいんですから。レポートの主役は、「事実」です。どこに目をつけ、どんな方法で、どんな事実をとってくるかが勝負です。つまり、

意見＋論拠→ゴールは説得（小論文）
事実＋考察→ゴールは報告（レポート）

わかりやすくするために例をあげてみましょう。

「なぜか人に好かれる人の共通点とは？」という小論文の出題がありました。この問いについて、「小論文」と「レポート」を書きわけるとします。

「なぜか人に好かれる人」、確かにいますよね。とりたてて美男美女というわけでもない、なにかスゴイ特技があるわけでもない。でも、なにかの集まりにはいつも呼ばれている。自分もなぜか会いたくなってしまう。

小論文の場合

「なぜか人に好かれる人の共通点とは？」という問いが与えられたら、小論文で不可欠なのが、「あなたの意見」です。

つまり、「私は、なぜか人に好かれる人の共通点を○○だと考える」と、バシッと打ち出すことが必要です。

正解なんてありません。どこかに模範解答があるだろうと思って、一般論を書くと、人と同じになってつまらない小論文になってしまいます。「答えは自分の中にある」、人と違っていていいのです。むしろ独創的な意見ほどいい。自分の頭で自由に考え、自由に自分の意見を打ち出せる。それが小論文です。

あとは、自分の経験、知識や情報も総動員して、その理由を説明していきます。

読み手が「なるほど！」と思ったら、そこがゴールです。

レポートの場合

一方、レポートの場合、まずは、あなたの意見はいりません。

「なぜか人に好かれる人の共通点」について、あなたがどう思っていようが、どんな意見を持っていようが、そんなことは、まずは置いておいていいのです。

それよりも、「なぜか人に好かれる人の共通点とは？」という面白い問いに、あなたがどうアプローチするかです。

つまり、どんなところに目をつけ、どんな調査方法で、どんな事実をとってくるか、そこが腕の見せ所です。

ある人は、自分の社内に聞き込みをして、「なぜか人に好かれる人ベスト3」を出し、その人たちに突撃取材に行くかもしれません。

ある人は、男性と女性に分けて、それぞれ100人にアンケート調査をするかもしれません。

またある人は、自分が読んだ小説100作品に登場する「なぜか人に好かれる人物」の特徴を洗い出し、集計するかもしれません。

あとは、ニュース番組の現場リポーターのような格好で、調べて得た事実を、順序立てて、わかりやすく、読み手に報告していけばいいんです。読み手が、「ほー！　知らなかった！　事実はそうなんだ」と、まるで現場に行ったかのように、事実を認識すればＯＫ。これだけでも、りっぱなレポートになります。

さらに、調べて得た事実をまな板にのっけて、そこから言えること（＝考察）を加える。また、そこから、「私自身は、人に好かれる人の共通点を○○だと考える」と、自分の意見を加えたものまでも、広くレポートと呼びます。

レポートの作業の中心

小論文の主役は「意見」、とにかく意見がなきゃ、お話にならないわけですから、小論文の作業の中心は「考える」ことです。「なぜか人に好かれる人の共通点」を自分の頭で考えて打ち出す。それを説得する理屈を組み立てる。考える、考える、考える！

一方、レポートの主役は「事実」ですから、事実をとってこなきゃ、お話にならないわけです。見たり、聞いたり、足を動かし、手を動かし……、そう。レポートの作業の中心は「調べる」。とにかく、調べる、調べる、調べる！

だから、知識や情報の羅列だけで、考えることをしていなければ、それは小論文にならないし、ぼうっと考えているだけで、調べていなければ、それはレポートになりません。

小論文とレポートの違い、わかりましたね。

まとめておきます。

問い　なぜか人に好かれる人の共通点とは？

▼ **レポート**

問いについて、調べて得た

事実

▼

事実からの**考察**

▼ **小論文**

自分の意見の

論拠

▼

問いについて

出した自分の

意見

レポートが書けるシート

カンタンすぎますが、まずはこれで大丈夫なんです！

今回、私が採り上げた「問い」はこれです。

問い

▼

そこで調べてみたところこのような事実がありました。

事実1

事実2

▼

以上の事実から、このようなことが言えます。

考察

以上で報告を終わります。ありがとうございました。

とてもシンプルですが、前ページの下じきで、日々のビジネスメールでの報告、A4用紙1〜2枚程度のレポート提出、ちょっとした発表までまかなえますから、安心してください。

もうちょっと改まったレポートを書きたい人のために、あとで補足もしておきますね。

テーマから独自の問いを絞り込め！

自分の「問い」を絞り込んでいるかどうかが、レポートの出来を左右します。与えられたテーマから、独自の問いを絞り込みましょう。

たとえば、ビジネスマンの場合、上司から「ちょっと新しい工場を見学してきてよ」なんて頼まれたとします。だめなレポートは与えられたテーマのまま「工場見学について」なんてテーマで始めてしまいます。このままでは、テーマがバクゼンとしすぎています。工場に行って見たあれこれを書き連ね、焦点のぼやけたレポートになってしまいます。

「工場見学について」、このままではレポートが書けません。テーマから、独自の問いを絞り込みましょう。たとえば、「新しい工場ができたことは、私たちの業務にどう影響するか？」という問いを絞り込んでおくとします。

レポートはグンとわかりやすくなります。これは、学生さんも同じです。

上司に報告するときも、口頭でも、文章でも、次のような手順で行ってください。

「今回見学にあたって、私は、『新しい工場ができたことは、私たちの業務にどう影響するか？』を見てきました」（**問い**）

↓

「そこで、工場に見学に行ったところ、次のような事実がありま

した。事実1……。事実2……」（**事実**）

↓

「以上の事実から、これまで私たちが2週間かかっていた制作日数が、約3分の1に短縮できるということが言えます」（**考察**）

もう少し、改まったレポートが書きたい人のために

自分がとりあげた「問い」と、調べて得た「事実」と、事実からの「考察」。このシンプルな下じきに、次に足すとすれば、これらです。

❶ 動機
❷ 調査方法

「動機」とは、レポートにあたって、自分がなぜ、この「問い」をとりあげたかを説明することです。
「調査方法」とは、その問いにアプローチするために、どこに目をつけ、どんな方法で調べていったかを、説明することです。これらを加えた、全体の流れは、次のようになります。

❶ テーマ　「今回与えられたテーマは○○でした」
❷ 問い　「そこから私が絞り込んだ問いは、○○です」
❸ 動機　「なぜ、その問いをとりあげたかというと、このような動機からです」
❹ 調査方法　「この問いについて、私は、このようなところに目をつけ、このような方法で調べていきました」

❺ **事実**　「調べたところ、このような事実がわかりました」

❻ **考察**　「得た事実から、このようなことが言えます」

❼ **意見**　「そこから、私自身の意見としてはこうです」

＊意見は、あっても、なくてもレポートと呼ぶ。

❽ **出典一覧など**

テーマから問いを絞る時点では、自分の動機がしっかりした問いを絞り込むことが大切です。

レポートはもともと報告の文章ですから、読み手に報告すればＯＫですが、たとえば「新工場を見学して、至急上司に願い出ないといけないことが起きた」「ぜひ、私自身の見解を添えたい」ということもあると思います。そのような場合は、「私自身の意見として……」と「意見」を添えることもできます。

事実を報告することによって、相手にどうなってほしいのか？　という「目指す結果」をイメージして書くと、いいレポートになります。

たとえば、「みんなに広く新工場の実態を知ってもらって、業務に役立ててほしい」とか、「上司に一日も早く、新しい技術に対応した組織に変えてほしい」などです。私たちが、社会で書く文章には、だれに、どうなってもらいたいか、という「目指す結果」があります。

「報告」は、「提案」や「主張」よりひかえめなコミュニケーションと思われるかもしれません。しかし、あなたの問題意識でつかみとった事実を、正しく、わかりやすく報告することが、やがて大きく状況を動かしていくこともあります。

「無知」から生まれている誤解やすれ違いを突破するのが、事実を知らせるレポートの技術です。あなたも、レポート力で、目指す状況を切り拓いていってください。

10

小論文を書く

なんてカンケイない、と思っている方、
実はそうでもないんです。

主役は「あなたの意見」です

「あ、おれ、小論文カンケイないや」と思った人。

ちょ、ちょっと待って！

小論文は、みんなにカンケイあります。小論文を書くということは、**「あなたの意見」**を出すこととほぼ同じだからです。

あなたは、自分の「意見」を思う存分、言ったことがありますか？

「意見」はあなたの中にあります。

でも、それを出したことがない、出し方を知らない人は多いのです。子どものころはおとなに意見しては叱られ、社会に出るまで全然、自分の意見なんか聞いてももらえず、仕事をするようになると急に「意見を出せ、出せ」と言われるようになり。でも会議の発言を聞いていると、どこまでが、会社の意見か？　ウケウリか？

実は、自分の意見を言っていない。出前をとるように人の意見で済ませている人も多いのです。

小論文は「意見」の文章です。

正解のない問題に、自由に「あなたの意見」を打ち出します！

これほどまでに自由に「自分の意見」が言い切れる文章は、他にありません。一部の学者のための文章でなく、子どもも、おとなも、だれもが対等に、たった600字ほどの日本語の組み合わせの中に、「自分の意見」を表明できる。

時代の中、感想ではなく、はっきりとした「あなたの意見」が求められるシーンも増えてきました。

ここで、「あなたの意見」の出し方をつかんでいきましょう。

小論文って何？

小論文を、世界最少2文字で説明するとすれば、「**なぜ**」の文章です。なぜを考え、なぜを書く。

小論文のゴールは？

そう、「説得」でしたね。自分の「意見」をはっきりさせ、なぜそう言えるか、理由や根拠を筋道立てて説明する、「**意見と論拠**」の書きものです。

意見って何？

「意見」とは何か？　ある「問い」に対して、あなた自身が、考えて打ち出した「答え」です。

これは、すっごいことです。

あなたの答えを、あなたが自由に決めていいんです。

「市町村合併は幸福か？」

「お父さんは単身赴任をするべきか？」

「子どものときにしかできないことは何か？」

など、答えがない問題に、独自の答えを出していいのです。論拠のところで読み手を「説得」することができれば。

小論文の主役は「あなたの意見」です。作業の中心は「考える」こと。

人と違っていていい、むしろ独創的な意見ほどいい。これは決められた1つの正解を求められてきた、暗記型の学習とは百八十度違います。正解なんて、いったん否定してみたら？　いや、「問い」そのものだって、おかしいと考えるなら論破していい。

他にそこまで自由に「意見」を言える文章があるか？

作文は？

出来事と、その「感」・「想」が中心です。答えを考える・決める、と少々、理屈っぽくなりますね。情景の描写が中心です。

レポートは？

先ほど押さえましたね。ゴールは「報告」です。

「意見」よりも「事実」を正確に相手に報告すること。「考える」より「調べる」が中心です。

論文は？　「結論と論拠」で、とってもよく似てますが、「結論」には、小論文ほど自由に、あなたの意見が打ち出せるわけじゃありません。論拠で立証・分析されている方法にのってやれば、「だれもが同じ結論を出せる」というものでなくてはなりません。

論拠の正しさが主役になります。

小論文の構造

「問い」に対して、自分のはっきりした答え＝「意見」を打ち出し、その理由を筋道立てて説明していくのが小論文。最もシンプルな形はこうなります。

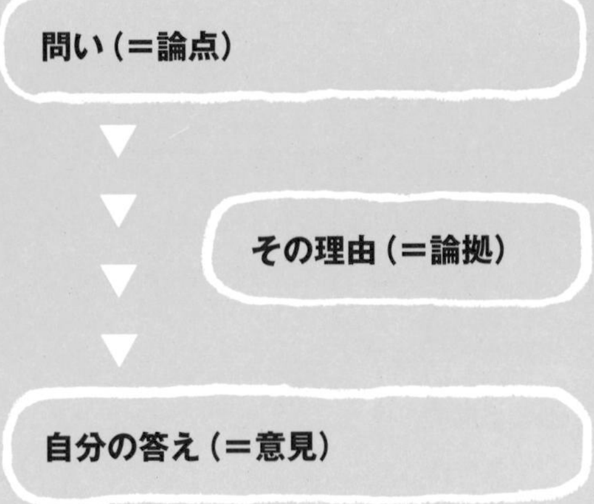

論点

論点には、自分にとって切実な「問い」を、はっきりした「疑問形」で書きます。

たとえば、学校で「命について小論文を書け」とテーマが与えられたときも、自分で「職場の人間関係について」意見を投稿しようと思ったときも、そうです。「命について」とか「職場の人間関係について」、というような論点ではダメです。このままでは、バクゼンとしすぎて、ぼやけた小論文になってしまいます。たとえば、「自分の命が軽いと感じるのをどうしたらいいか？」「職場の中年は新人とどう接すればいいか？」のように、**テーマからはっきりした自分の「問い」を絞り込んで**ください。

自分がぜひ考えたい、常日ごろ考えずにはいられない、考え出したら夜も眠れなくなるような問いが、「切実」な問いです。

「問い」が具体的であるかどうか、**自分に「切実」であるか**どうかが、小論文の出来を左右します。

意見

「意見」には、問いについて、現時点での自分の「答え」を出し切ってください。あいまいなもの、複数の答え、感想や気持ちを書いただけのものはダメです。「答えを１つ、決めきる」ことです。

論拠

意見の理由を筋道立てて説明していきます。

伝わるものには構造がある

私は25歳で小論文の担当になるまで、「本当に言いたいこと」を言うということを甘く見ていました。

だから、小さくても「構造」をもった文章、「小論文」に出会ったときは、ここまでしてやっと、「本当に言いたいこと」は言えるのか、と画期的に思えました。

たった600字ほどの文章に、その人が抱いた「問い」(論点)がある。その人が出した、現時点でベストな「答え」(意見)がある。答えを導き出した「根拠」(論拠)がある。

そして文章には、ごまかしようもなく、書き手の根っこにある想い(根本思想)が現れてくる。

小論文は、その人の「想い」を土台に、「論点」→「論拠」→「意見」が、脈絡をもって組み立てられている。無駄のない小さな家のようでした。

「本当に言いたいこと」とは、「結論」だと思っている人が多い。だから、ときどき結論という石をぶつけあうように、意見を言い合ったりもします。

でも、本当に人にわかってもらいたいのは、結論という「断片」ではなくて、もっと、その人のもつ「世界」だったりしないでしょうか。テーマに対するその人の「世界観」とでも言うのかな。

テーマについて自分は、どこに、どんな問題意識を持ったかとか、そこから、何を思い、どう考えていったかとか、最終的に、何を大切に、どう判断したか、それは、なぜかとか。

むしろ、結論にいくまでの「脈絡」こそが、人にわかってもらいたいことだったりします。人は、脈絡をもった、まとまりあるひとつの世界として、自分を伝えたいし、他人にも理解されたいのではないでしょうか。

小論文は、小さいけれど、自分の問題意識、検討過程、そこから出た意見を、脈絡をもったひとつの世界として、人に伝えられるようになっています。

考える＝自分に問うことが決め手

自分が本当に思っている、自分の意見を書くことが、小論文では最も大切です。「本当にその人が考えた、その人の意見かどうかはすぐわかる」と、小論文の採点官も口をそろえて言います。

なのに、実際には画一的な、受け売り文章がごろごろ。なぜ、本当のことを書かないのか？　書けないのか？

少なくとも、自分で練習する段階では、白い紙に書いてはいけないことなど１つもありません。

しかし、本当のことを書くのは、なにか恐いと感じる人や、「書く」というと、「お勉強モード」にカラダを切り換え、とおりいっぺんのことでやり過ごす、悪い習慣がついてしまった人もいます。

どうすれば、本当のことが書けるのでしょうか？

600字以上の小論文になると、なにか「**具体例**」が必要です。具体例とは、あなた自身の「体験」や、本やニュース、授業などから「見聞」したこと、つまり、具体的**事実**です。

画一答案が陥っているのは、事実から、一足飛びに意見を出してしまうという構造です。だから本当に言いたいことが言えず、一般論になってしまうのです。

- 虐待する親がいる（事実）
  →子どもを殺すなんて許せない（意見）
- テロが行われている（事実）
  →武力で問題は解決しない（意見）

事実は、そのままでは論拠にはなりません。
そうではなく、この3段構造をしっかりつくることです。

事実 → その考察 → そして意見

「自分の子はかわいいのに、それでも暴力をふるってしまうのはなぜか？」
「武力で問題は解決しないのに、テロがなくならないのはなぜか？」

なぜ？

結論の前に、自分に「なぜ」を問い、自分の中にある意見を引っぱり出していくことが、本当に思っていることを書く秘訣です。考えるとは、自分に問うことです。

たとえば、志望理由ひとつ書くにも、事実と考察、そして意見の3段構造をしっかり作ることが、本当のことを言うカギです。

事実　小学2年のとき、このような尊敬できる先生に出会った。

↓

意見　だから教師を目指したい。

では、読み手は納得しません。事実から、あなたがどう感じ、何を考えたのか？

事実　小学2年のとき、このような尊敬できる先生に出会った。

↓

考察　その体験から、私は教育について「……」と考えた。

↓

意見　だから私は、教師を目指したいと教育学部を選んだ。

というふうに。考察のところでは、「キーワード」を提示するようにしてみてください。そのためには、考察のところで、「なぜ」を自分に問うてください。よい問いを発見して、自分をインタビュー攻めにしてください。

自分で考えるためには、答えではなく、**問いを探す**のです。なかなかうまくいかないならば、それに関する「問い」を30個無理にでも出して自分にインタビューしてください。

- その先生のどういうところに引かれたか？
- 自分が先生から受けた教育でいちばんよかったのは何か？
- そこで自分は教育はどういうものだと思ったか？

というように。慣れると、よい問いが出てきます。問いがふつふつ出てくるようになると、考察がダイナミックに発展し、面白くなります。要は慣れですが、慣れるまで難しい。

いきなりよい問いを探そうとして、難しいとき、どうするか？

胸のひっかかりを洗え！

そんなときは、「よい問いを含んでいそうな具体例」を探すのです。たとえば、テーマについて、強い「違和感」を感じた経験があれば、それはまだ言葉にできないけれど、必ず「よい問い」を含んでいます。タネを持ってきてくださいと言われて、難しいときも、りんごなら、近くのスーパーで買ってくることができる。りんごの中には、タネがある、ちょうどそんな感じです。

まずは、テーマについて、自分の中でもやもやとわいてくるものを全部はきだしましょう。白い紙の真ん中に、テーマを書いて、まるでかこみ、そのまわりに、思いあたることを書きだしていきます。

まずは、テーマから、直感したこと、連想したこと。

それから、いままで生きてきた自分をふりかえって、テーマに関連した体験。特に違和感、もやもや、ひっかかりがあった出来事、発見や感動があったこと。強く印象に残ることは、大切です。

これといって体験がないというときも、人や、本から見聞きしたこと、「見聞」の中から、思いあたることはありませんか？

入試などの小論文で、資料文が与えられている場合は、資料文を読んでいて、心が動いたところ、違和感やひっかかり、強く筆者に共感するところ、発見があったところも、書き出しましょう。

さらに、「現在」の世の中に目を向けて、テーマに関係して、最近、見聞きしたニュース、日本や世界の動きで、思いあたることも書きだしてみましょう。

そして、今度は、ちょっと「未来」に目を向けて、社会や自分の将来とテーマも考えあわせてみて、思うことがあれば、それも書きだしてみましょう。

この中から、主題となるものを1つ、選びましょう。選ぶ基準は、自分にとってより切実に響くものです。

書き散らかした事項のうち、どれか1つを起点にし、それと、これと、どっちが自分にとってより強く自分にひっかかってくることか、心から書きたいことか、というふうに比べながら、弱いほうを、斜線で消していってください。

そのようにして、最終的に残った1つ、これが、あなたの主題の候補です。必ず、よい「問い」を含んでいます。

スタートラインでよい問いを含んだ題材を選んでいれば、

事実 → 考察「　？　」→ 意見

の、3段構造も作りやすい。もともと、この「事実」の部分は、あなたの心にいちばん強く、違和感やもやもやとなって、ひっかかっているものですから、

まず、そのもやもやの正体は何か、「問い」の形にすること。次に、その「問い」に自分の答えを打ち出すことに、心を砕いてみましょう。こんな構造になります。

事実　こんな事実があった。

↓

考察　問い：「なぜ私はあのとき、……たのだろうか？」

その答え：「それは、……が、……だからである」

↓

意見　だから私は、テーマについてこうだと考える。

これは、もやもやを含んだ具体例から、その問いの正体をはっきりさせ、考察していくというやり方です。

では、「下じき」を使って、小論文を書いてみましょう。

小論文が書ける下じき

❶テーマについて思いあたることを洗い出す

テーマ

あなたの意見を出す下じきでもあります。

❷メインテーマを絞り込む。

▶

絞り込みの基準

1 あなたが心から書きたいことである。

2 時間内に手持ちの知識で扱える内容である。

3 出題の要求からずれていない。

❸メインテーマについて視野を広げる

メインテーマ

現在
いまの社会に
視野を広げる

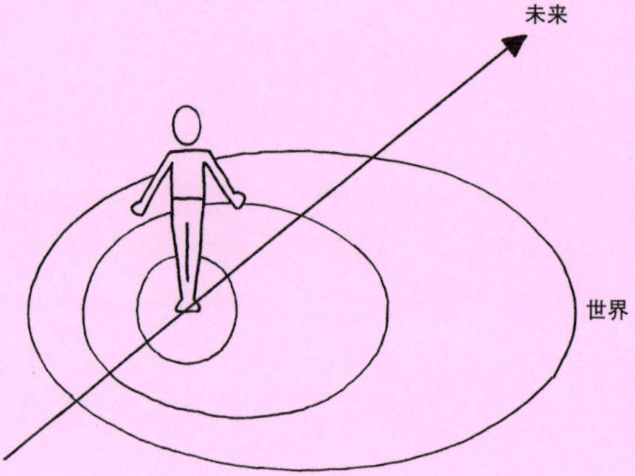

過去　いままで生きてきた自分を洗い出す
テーマについて、違和感を覚えた
体験・見聞は？

なぜ？

最近のニュース、いまの日本社会に目を向けて、テーマをめぐって、いま世の中で、どんな問題が起こっているのか？

▶

未来　ビジョンを描く

10年後、理想が実現できるとしたら、テーマをめぐって人や社会はどうなっていたらいいか？

あなたが大学で、あるいは仕事でやりたいことは、テーマとどう関わっているか？

と要所で問いかけてみよう。▶ **意見**

＝

あなたのいちばん
言いたいことへ！

❹意見と論拠を決める

小論文の要は、意見と論拠です。ここの空欄は、意見からでも、
具体例からでも、どこから埋めてもかまいません。

論点　何について考えを述べるのか、あなたがとりあげた問いは？

▼

論拠

事実　論点について、どんな体験あるいは、
具体的事実があるか？

考察　そこから、あなたはどう考えるか？

▼

意見

あなたが最も言いたいこと、論点についてあなたが出した答えは？

これをもとに、600字なら、4〜5段落で、
読む人にわかりやすく筋道立てて説明していけば、小論文が書けます！

補足 資料小論文を書く人のために

＊ここは、**資料小論文**（文章などの資料が与えられ、それを読んで小論文を書く形式）が必要な人だけ読んでください。

入試などでは、「与えられた資料を読んで、あなたの意見を書きなさい」という形式が多いですね。その場合の文章構成のコツを補足しておきます。結局は、次の5つをどう配列するかなのです。

❶ 資料読解 ＝資料から読み取ったこと
❷ 論点＝設問、または設問からあなたが絞り込んだ問い
❸ 具体例＝論拠を書くための事実や体験
❹ 考察＝論拠を書くためのあなたの分析
❺ 意見＝あなたの意見

ですから、最もオーソドックスなパターンはこうなります。

資料読解　私は、資料文をこう理解した。
↓
論点　Aとは何なのだろうか？
↓
論拠　**具体例**　それに関してこのような経験がある。
考察　そこから私はこう考えた。
↓
意見　だから私は、Aは……であると考える。

● 具体例から問題提起するパターン

具体例＋論点　こんな経験をした。Aとは何なのだろうか？

↓

論拠　**資料読解**　それについて資料文からはこう言える。

考察　さらに私はこう考える。

↓

意見　だから私は、Aは……であると考える。

● いきなり意見から入るパターン

意見　私は、Aは……であると考える。

↓

論拠　**具体例**　なぜならAに関してこんな経験をした。

資料読解　それに関して資料にはこうある。

考察　それについて私はこう考える。

↓

意見　だからAは……である。（再度、意見を強調）

自分の書きやすい構造がすでにある人は、これらにとらわれず、それで書いていってほしいし、ない人は、これらのパターンをたたき台にして、「自分の構造」をアレンジしていってください。

難しいと感じたときは、「意見と論拠」で小論文は書ける。この原点に戻ろう！

11

会議を自分でしきる

テーマとゴール、時間、人数

ある会議に呼んでいただいたとき、大変失礼なもの言いで申しわけないのですが、始まってすぐ、「この会議、うまくいかない」と気づいてしまいました。

なぜかと言うと、その会議は、テーマとゴール、時間、人数のバランスがひどく悪かったのです。

壮大すぎるテーマ、それにしては短い、2時間という設定、20人を超す人数、不透明なゴール。単純に計算しても、

120分÷二十数人≒1人5分

初対面の人同士がほとんど、説明にも、場の共有にも時間がかかる。すでに厳しい設定です。

しかも自己紹介から始めるという。ひととおり説明と自己紹介が済んで、「テーマについて自由に議論を」と言われた段階で、残り時間は、もう、30分もありませんでした。

30分÷二十数人

全員が切れ目なく発言したとしても、1人1分半、文字数にして約600字でせいいっぱい。

二十数人の役割分担は明らかにされておらず、全員が対等な発言者として席についています。

全員に発言させようとすれば、広く浅い話になってしまい、1つの発言についてちょっとでも深めようとすれば、発言できない人が出てしまいます。

この設定では、たとえどんな敏腕司会者でも、何らかの達成感のある会にするのは難しいのではないでしょうか？

私もどうすることもできず、やはり、達成感が持てないまま、もやもやした感じで、その日は済んでしまいました。

後半になると、大学教授だけがしゃべっていたのも気になりました。はじめは、民間の人たちが、経験に基づいて元気に発言していたのですが、大学教授に体系的な知識から、「それはこうだよ」と諭されて、しだいに、腰が引けていった感じでした。

テーマやゴールがはっきりしない場では、いわゆる「強いものが勝つ」構造になりやすいのです。知識の多いもの、立場が上のもの、声の大きいものに発言が集中しやすい。

この会議、どこをどうすればよくなるのか、私は、考えずにはいられませんでした。

本日のゴールは？

まず、会のはじめに「本日のゴールを明確にする」こと。

本日2時間なら2時間の会議の出口で、だれがどうなったらいいのか？

参加した人が、何かを共有できれば、それでいいのか？

何かを決めるのか？

何か知的生産をするのか？

そして、それは、どのレベルまでいったらいいのか？

もしも、ゴールとして何かのアウトプット物をあげるのなら、あらかじめ、その見本を作って配っておくと、参加者が全員、一発でゴールを共有でき、ブレません。

極端な話、単なる顔合わせで、意味の薄い会だったとしても、それでも、あらかじめゴールを伝えたほうが、みんながもやもやしないで済みます。「本日は、単なる顔合わせです。ゴールとして、メンバー同士の気心が通じ、プロジェクトへのモチベーションが高まれば、今日はそれでよいと考えます。どうぞ、気楽にやってください」というように。

時間と人数

人数が多いのなら、少し長めの時間設定が必要です。これは人数あたりの発言時間を出してみると目安になります。

時間設定が動かせない、たとえば1時間と決められていて動かせないのなら、人数を絞ることも考えます。

会議をしきる人は、メンバーの選定ができます。だれを呼ぶか、呼ばないか。ゴールに応じて、呼ぶメンバーを絞ったり、ゴールにふさわしいゲストを呼んで人を増やして活性化することもできます。

もし、人数が動かせず、時間も少ないのなら、役割分担を明確にするとよいでしょう。20人なら20人で、人数を減らせないなら、案を用意してくる人、それを検討する人、のように、役割を分けてみます。グループに分けて討論してもいいです。

事前に、「今日は、若い人の就職活動の実態を知るために、現役大学生に参加していただきました。時間が限られていますので、今日は、学生さんに中心に発言してもらいたいと思います」というように参加者の参加理由・役割をはっきりさせておけば、声の大きい人、立場の強い人が発言権をひとりじめすることもありません。

テーマ≠議題

議題として、「テーマから絞り込んだ問い」を用意すること。

たとえば、「若者の就職問題について」がテーマだったとして、このままでは、テーマが広すぎ、バクゼンとしすぎています。このまま話し合っても、みんな思い思いに、若者の就職問題を語り、話が散り、焦点がぼやけ、収拾がつかなくなることが考えられます。

そこでたとえば、「若者の3年以内の離職をどうすれば減らせるのか？」のように、テーマから問いを絞り込んでおけば、話があっちこっち散ることはありません。

このように、テーマから、当日検討する議題を、「問い」の形で絞り込むのです。

時間が長ければ、それなりの「大きな問い」を用意し、時間が短ければ、「小さな問い」に落とし込む。時間が短いので、問いを小さくしようと思ったら、

- **マクロ→よりミクロな問いへ**
- **抽象→より具体的な問いへ**
- **難しい →より易しい問いへ**

という基準で、絞り込んでいけばいいのです。

人数の多さ・少なさ、時間の長さ・短さに関係なく、時間と人数にふさわしい「よい問い」があれば、アウトプットはできますし、達成感は持てます。

テーマとゴール、時間、人数の采配

そんなふうに、あの会議は、どうすればもっとよくなったのか、「時間が……」「人数が……」「問いが……」と、パズルのように考えていたのですが、どうもしっくりしません。たとえば、「時間を長めにとってください」とか、「問いを明確にしてください」とか部分的な提案をしても、刷新されそうにありません。

どうも問題は、「テーマとゴール、時間、人数」を決める、その「バランス感覚そのもの」にあるのではないか、と気づきました。

どうして、あのようなアンバランスな設定が出てくるのか？

その原因や背景を考えると突破口がつかめそうです。

私自身は、企業で編集をしていたときは、とにかく自分で会議をひらくことが多く、いまは、逆に、呼んでいただくことが多いのですが、実にさまざまな団体・企業・担当者の考え方の違いを、目の当たりにします。

皆忙しいので、時間を遠慮がちに設定していることが多いように思います。「時間を短くしたほうが相手に負担をかけないだろう」「時間を短くしたほうが集まりやすいだろう」と、ついつい、きつめの時間設定になっているようです。

しかし、「時間より達成感」です。その日のゴールに到達できず、不消化で終わる会議は、たとえ1時間でも惜しい。結局、時間のツケがあとで割り増しになってはねかえってくるような気がします。

達成感がある会議は、長時間でも苦になりません。

私がプロだな、仕事ができるな、と思う人は、やっぱり「テーマとゴール、時間、人数」の采配がすばらしい。

難しいテーマには、無理をせず、4時間、5時間というそれなりの時間と要員で臨んでいく。発想を散らかすブレーンストーミングなどでは、ゲストを増やして発想を豊かにします。何かを決める会議なら、決定権のある人が来ないと話になりませんが、そういった必要十分なメンバー選定にも、ぬかりがありません。忙しくて短い時間しかとれないミーティングでも、それなりに絞り込んだ「問い」を持ってきて、そこできちんとゴールにたどりつくようにします。

プロは、「テーマとゴール、時間、人数」の伸縮が自由自在で、バランスそのものが美しい。

そのようなプロに共通するのが、「ゴール」が非常に鮮明に描けていることです。

会議をしきるには、「テーマとゴール、時間、人数」といった大枠から入っていきましょう。何から決めたらよいか、と迷うときは、まず「本日のゴール」から決め、あとの要素を必要十分にしていくと進めやすいと思います。

そこで、「会議を準備する下じき」と、「議事録の下じき」を用意しました。新人の人も、これさえあれば、とりあえず1回の会議を自分でしきることができます。

会議の準備ができるシート

❶テーマ

▼

❷議題　テーマから、今回の議題としてどんな「問い」を絞り込むか？

▼

❸ゴール　この会議の出口で、だれがどうなっていればいいのか？
あるいは、どんなアウトプットなり、決定なりが
できればいいのか？

▼

❹会議のあとの展開
この会議のすんだあとの仕事の展開はどうなっているか？
だれが、どう動くのか？

▼

会議を招集する前にこれを使って必要最低限のことを整理できます。

❺メンバー　だれだれを呼ぶか？　それぞれの人をなぜ呼ぶか？

▼

❻ 所要時間　時間はどのくらい必要か？
それはゴールや人数とバランスがとれているか？

▼

❼会議の大まかな流れ
どのような流れで会議を進めるか？　時間の配分は？

▼

これでテーマとゴール、時間・人数のバランスがとれた。会議へ！

議事録が書けるシート

＊**議題＝問い** テーマから今回の議題として絞り込んだ問いは？

＊**会議のねらい＝目指したゴール**

議題について、この会議の出口でどうなることを目指したか？

時間・場所・メンバー

前回までの流れ

今回の会議の流れ

会議は大まかにどんな流れで進行したか？

質問に答えていくだけで、みんなに配れる議事録になります。
＊印を先に埋めるのがコツ。

議事の要点

下のワクのゴールに到達する上で、強く影響を与えた議事は何か？
重要度の高いものだけを3〜7程度に絞りこんで書く。

＊決定事項＝到達したゴール

結局、議題の問いについて何が決まったか？
どんな知的生産ができたか？

このあとの予定

今後の課題は？　次の会議の予定は？　メンバーへの行動指示は？

これをA4用紙で1〜2枚にまとめれば議事録になります！

シートをもとに議事録を書いてみました。

議題

8月号の環境問題特集のゴールをどうするか？

会議のねらい

最終的に読者の高校生にどうなってもらいたいかを決める会議。
（方針決定会議）

日時　200X年6月10日13：00〜15：00　第1会議室
メンバー　川村・土井・橋本・村上・織田・新城・守谷

前回までの流れ

全員が8月号のテーマ案を持ち寄り、検討した結果、入試傾向・生徒アンケート・学習効果の3点から、「環境問題」に決定した。

今回の会議の流れ

❶高校生の環境問題への関心を押さえる——川村さんから調査結果の発表。
❷案を発表、検討——新城さんと守谷さんの用意してきた案を全員で検討。
❸特集のゴールの決定——最終的に、担当の新城さんの意志を重視して決定。

議事の要点

- 知識の網羅をめざすのではない、考える力を引き出すものにしたい。
- 入試対策としては、環境問題の全体像を把握してもらうことが不可欠。
- 読んだ後の高校生になんらかの達成感のあるものにしたい。

決定事項

8月特集のゴールは、高校生が、それぞれの進路とのつながりから環境問題への「自分の問い」を発見できる、ところとする。

このあとの予定

今後の課題→本日決定したゴールを達成するための、題材・構成を考える。
次回会議→6月15日10：00〜12：00　構成・題材決定会議
やってくること→新城さん構成案を作成。全員で題材を集めてくる。

12

みんなの前で話す

アウトプットは気持ちい〜い！

私は、生まれて初めて大学の半期を担当したときの最後の授業が忘れられません。

90分を3コマ、文章の書き方と、話し方と、コミュニケーション論のクラスを担当したのですが、うち、2クラスで、最後に学生全員に、大教室の前に出て1分スピーチをしてもらったのです。

学生たちが、人前で話すのを嫌うとはわかっていましたが、教育上、どうしても必要だと思いました。案の定、事前に学生から、苦情や不安が寄せられました。

「ズーニー先生、スピーチってまさか、あの壇上で、みんなの前でやるんですか？」

不安げに質問に来た女子学生に、そうだと言ったら、300人教室の高い演台を見て、たおれそうな顔をしました。

さすがに、ハードルが高すぎたかと、当日まで悩んだ私は、結局、「壇上に上がってスピーチしなくていい、マイクをまわすから、自分の席で用意した原稿を読んでいい」とハードルを下げました。

すると、なんと、学生から大ブーイングが起こったのです。

「ズーニー先生、スピーチは、前に出てやらせてくれ！」

「俺はあの壇上に上がりたい、あそこで話させてくれ！」

と学生のほうから訴えてきたのです。信じられない展開に、私は、驚き、どこで話すかは、学生の自由意志にまかせることにしました。

トップバッターは、あの質問に来て、壇上に上がると聞いて、たおれそうな顔をしていた女子学生でした。ところが、彼女にマイクを渡すと、迷わず、まっすぐ300人教室の高い演台に歩いていきスピーチをしました。

次の学生も、そのまた次の学生も、それまで、顔もあげられない、人の目も見られないような内気な学生もいましたが、その学生も、自分の意志で壇上に上がってスピーチをしました。見ていてはらはらしたのですが、本人はすごく気持ちよかったようで、感想には、「面白かったー！」と書いてありました。

結局、全員が、自分の意志で壇上に上がってスピーチをしました。発表ごとに、拍手と歓声、しまいには、スタンディングオベイションまで起きました。

大多数の学生の感想欄に、「自分の意見が言えたー！」「聞いてもらえたー！」と、表現した歓びが、まるでスポーツしたあとのように爽快に綴られていました。

学生たちは、口では嫌と言いながらも、身体は、切実に、アウトプットの機会を求めている。それは、講義のはしばしでも感じられました。

あの「前に出してくれ！」と大ブーイングが起こったときには、もう、生理的な反応のような気さえしました。「貴重なアウトプットの機会を奪われてなるか」「出したいんだ！」と、身体から叫んでいるようでした。

無理もありません。彼らは、これまでの人生、大学でもほとんどを、インプットに費やしているのです。知識や情報を取り入れる、取り入れる……、出口なく、容量オーバーのフロッピーに書き込みだけを続ければ、いずれパンクします。パンク状態になっても、なおも情報を書き込みつづけている。

それは、学生だけではありません。私たちも同じ。

私たちは、インプットとアウトプットの、アンバランスを生きています。

小さいころから、洗練された情報を次から次へと、インプットされて育ってきた私たちは、一方で、その情報をアウトプットする道がない。

幼いころから、自分の考えは求められない、自分の想いを表現する場がない。就職活動になっていきなりアウトプットが求められるまで、アウトプットしていないことにさえ、気づいていません。

このアンバランスがたえがたいほどになっています。それは、いつなんどき何が起きてもおかしくないほどです。

このアンバランスは、生まれたときから、水泳のビデオを何千本も見て、ものすごく水泳に詳しいけれど、一回もプールに入ったことがない状態にたとえられます。

その人は、プールに放り込まれたら、泳げず、あがく。まわりの人には、ただ、水泳というものを知らない素人にしかうつらない。

しかし、本人は、小さいころから、水泳のビデオや解説をたくさん見てきて、ストローク、息つぎ、足の角度、やたら詳しい。

水泳にやたら詳しいんだけど、泳げない。

同様に、いまの世の中には、自分の中に、いままでインプットしてきた深遠な世界を抱えていても、自分の想いを、うまく書いたり、話したりできない人がほとんどなのです。

それだけに、本当に思っていることを言えたとき、深い、内的な歓びがあります。

私は、さまざまな地方で、学生さんから90代のご婦人まで、ワークショップで、想いを表現してもらいます。

自分の想いを人前で話すというと、最初は嫌がる人も、話しているうちにえもいわれぬ活気がみなぎってきて、話すほうも、聞くほうも、みないきいきしてきます。

人が、ただ、本当に思っていることを話している。それを聞いている。ただそれだけで、どうしてこんなに面白いのか、驚くほどです。

それだけ、ふだんの生活では、いかに本当の想いを話していないかです。言えないのか、言わないのか。とにかく本当のことが言えないと、活気がなくなっていきます。それだけでなく、私たちは、他人のうそにも敏感で、静かに活気を奪われていきます。

朝礼などで、いかにもタテマエ的なうわっつらだけの話を聞くと、私たちはすぐ、そのうそを見抜きます。1時間なら1時間の話を聞いて、最後に「あの話し手は、心にもないことを言っていたな」と気づくのではありません。ほとんどの人は、頭の2〜3分を聞いただけで、いや、最初の一声を聞いただけで、うそを見抜きます。小さいときから、たくさんの情報をあび、情報的に洗練されている私たちは、目が肥えているのです。うそだとわかると、あとの1時間、話を聞くのは苦痛でぐったり消耗します。

積極的にうそをつくというのではないけれど、実感がこもらないという意味での「うそ」、そういう生命力のない言葉が自分からも、人からも活気を奪っています。

自分の想いを表現する訓練は、だれでも、ちょっとトレーニングすればできるようになります。特に、田舎から来てくださった中高年の主婦の方々のスピーチは感動的です。

田舎で生活しておられる主婦の方の中には、農作業があったり、たくさんの猫がいたり、100歳をこえるご長寿のお姑さんの介護があったり、離婚して、自分の手で息子さんを育ててこられた人がいたり、家族があって、生活があって、歴史があります。

そして、私から見れば、家族に尽くし、なにひとつ、自分勝手にはやってこられなかったと思える主婦の方々の口から、

「私は、いままで、自分のために生きてきすぎたようだ。これからは、もっと世の中の役に立つようなことをしたい」

「環境問題に関心がある。環境のために何かしたい」

「そろそろビジネスをたちあげたい」

と、予想もつかなかった本心が語られます。表現されてみると、人の内

面は、毎回、毎回、予想をうらぎって素晴らしい。

表現しなければ、だれにも理解されなかった、私も決して気づくことができなかったであろう、その人の想い。あるのに、ない、と扱われているその人の想い、人それぞれの内面に宿るかけがえないものを思うと、たまらない気持ちになります。

人前で話す機会がもし訪れたら、逃げないで、本当に思っていることを表現してみてください。きっと、予想以上に気持ちいいはずです。

何から始めたらいいか、どう始めたらいいかわからない人は、とりあえず、「自分でも、自分が本当に思っていることが言えたと思う」というところを、ゴールに置いて話してみてください。

自分が本当に思っていることが言えたと実感する、ここからしか表現は始まらないのです。「面白い話」をしようとする必要はありません。本当のことが言えれば面白いのです。

実際にアウトプットしてみれば、自分がどのくらい話せるか、どのくらい人に届いたか、自分のいいところ、悪いところ、瞬時にあなたはたくさんのことに気がつくでしょう。情報的洗練を受けた、目の肥えたあなたは、とにかくよく「わかって」いるのです。

いま、あなたに必要なのは、本当のことを人前で話すことです。この第一関門をクリアすれば、あとは、コミュニケーションの技術は自然と追いついてきます。

本当のことを言うための下じきを最後に用意しています。どうぞ、たたいて踏んで、想いのたけをアウトプットしてください。

アウトプットとは、
あなたの内面を形にし、人に通じさせること。

やってみましょう！

▼

みんなの前で話せるシート

この1冊のラストに、
みんなの前で話すことに挑戦してみましょう。

初めて人前で話す人がいたとしたら、
あなたが
最初に目指すのは、
人から感心される立派な話を
することではありません。

人から見たらどんなにささやかでも、
かっこよくなくても、
自分が心から言いたい、
本当の想いを表現することです。

自分でも、
「本当に想っていることが言えた！」
という納得感。

まず、そこをゴールに置いてみましょう。

それができたら、
次に、
その場にいるたった１人でいい、
他の人に通じる話を目指していきましょう。

そうして、
機会をとらえ、場慣れしていくことによって、
その場にいる人たちと
通じあうような話ができるようになります。

あなたの投げかけに
場のみんなが反応し、
その反応を受けて、
あなたがまた引き出され、
というような、
通じあう歓びが待っています。

そのための一歩として、
今日、みんなの前で
話してみましょう。

❶テーマを洗い出す

次の3つの視野から、何を話すか、想いつくことを洗い出していきましょう。もちろん、この中で重視するのは、あなたが心から話したい、いまの自分にしか話せないテーマです。

そこにいる人たちが聞きたい、
関心あるテーマ

あなたが心から話したい、
あなたしか話せないテーマ

時代や時期、社会背景から
話す価値があると
思えるテーマ

❷メインテーマを絞る。

メインテーマを1つ絞りましょう。

1 あなたが心から言いたい、あなたにとって切実なこと。

2 制限時間内に話しきれること。

3 場の要求から、はずれていないこと。

❸メインテーマについて想いを書き出す

メインテーマについて「自分が言いたいのはこれだ！」と腑《ふ》に落ちるまで、
さらに書き出しましょう。

メインテーマ

❹最も伝えたいことを絞る。

最も言いたいことを絞りましょう。

1 あなたが最も言いたい、本当のことであること。

2 その場のみんなに聞いてもらう意味があると思えること。

3 自分が聞き手だとして、面白いかどうか。

❺話の流れを作る

3段落くらいで話の大まかな流れを作ってみましょう！

▼

▼

❻みんなの前で話す

では、いよいよ
みんなの前に、話にいきましょう。

もう一度、
あなたがいちばん言いたいことを、
はっきりイメージしてください。
心から言いたいことかどうか、
そこにうそがないかどうか、
チェックしてください。

それを伝えきることを目指してください。
メモは持たずにいきましょう。

はじめての人は、
「本当に自分が想っていることが言えた！」
という納得感が、
今回のゴールです。
そして、ここが
コミュニケーションのスタートです。

あなたの想いを伝えてください、
人前で本当の想いを語るのは、
想った以上に気持ちいい、
社会もそれを待っています。

あなたの出番です！

山田ズーニー

1961年岡山県に生まれる。
84年ベネッセコーポレーション入社、進研ゼミ小論文編集長として、
全国5万人の高校生の考える力・書く力を育成する通信教育を企画・プロデュース。
2000年独立。全国各地での講演やワークショップ、執筆活動、
様々な大学と提携してのコミュニケーション論・文章術・自己表現・編集術の講義、
企業研修、高校授業の企画など、独自の教育活動を展開している。
著書に、『伝わる・揺さぶる! 文章を書く』(PHP新書)、
『あなたの話はなぜ「通じない」のか』(筑摩書房)。
インターネット「ほぼ日刊イトイ新聞」に「おとなの小論文教室。」を連載中。

考《かんが》えるシート

2005年6月8日　第1刷発行

著者
山田《やまだ》ズーニー

発行者
野間佐和子

発行所
株式会社 講談社
東京都文京区音羽2丁目12-21 郵便番号112-8001
電話 03-5395-3530(編集)
03-5395-3622(販売)
03-5395-3615(業務)

印刷所
慶昌堂印刷株式会社

製本所
大口製本印刷株式会社

落丁本・乱丁本は購入書店名を明記のうえ、小社業務部あてにお送りください。
送料小社負担にてお取り替えいたします。なお、この本についてのお問い合わせは、
生活文化局Dあてにお願いします。 ISBN4-06-212896-9

定価はカバーに表示してあります。